De l'immoralité

ou de la difficulté d'approche
de la morale humaine

Sous la direction de
Jacques DELGA

DE L'IMMORALITE

ou de la difficulté d'approche de la morale humaine

L'Harmattan

5-7, rue de l'École-Polytechnique ; 75005 Paris
http://www.harmattan.fr
diffusion.harmattan@wanadoo.fr
harmattan1@wanadoo.fr
ISBN : 978-2-343-03812-4
EAN : 9782343038124

Introduction

L'immoralité est-elle la conduite sans référence à des valeurs, ou la conduite selon de mauvaises valeurs ? Une différence existe pour certains entre l'immoralité et l'amoralité. En substance, dans le premier cas, l'immoralité est contraire à la morale, dans le second cas l'amoralité souligne l'absence de morale. Mais d'un point de vue général, et c'est celui que nous adoptons, le terme « immoral » est un terme commun qui regroupe ces deux sens.

Il nous a paru intéressant, comme ce fut le cas antérieurement[1] de réunir des auteurs de disciplines distinctes sur un même sujet. En l'espèce aujourd'hui celui de l'immoralité. Certains sont des spécialistes et/ou des chercheurs en philosophie, psychologie, littérature, management, d'autres sont mathématiciens, informaticiens, juristes ou spécialistes de la gestion et des ressources humaines. Beaucoup d'entre eux cumulent ou ont cumulé diverses fonctions ou activités de nature parfois fort différente. Guy Chaty, ancien vice-président de l'Université PARIS XIII, est ainsi mathématicien, informaticien, professeur des universités, mais aussi poète. Je puis ajouter, pour avoir enseigné dans cette université, qu'il eut une action politique et syndicale importante au profit du monde universitaire. Olivier Brisson a été directeur général d'une entreprise anglaise de chaussures très connue, « Church ». Il a toujours eu une grande activité sociale dans divers mouvements. Il est aujourd'hui avocat et, pour bien le connaître en tant que confrère et avoir partagé avec lui un important dossier pénal, j'ai pu constater qu'il se préoccupe généreusement

---

[1]) cf. *Souffrance au travail dans les Grandes Entreprises* édit ESKA 2010

et parfois à ses frais du sort difficile des immigrés étrangers et des personnes en difficulté. Vanessa Padioleau, remarquable correctrice d'ouvrages qui a bien voulu faire part de ses conseils sur le dernier manuel, *Sexualité Libertinage Echangisme et Droit*[2], est aussi professeur de littérature et de discours. Francisco Mananga, qui est un des coauteurs de l'ouvrage *Souffrance au Travail dans les Grandes Entreprises* exerce diverses fonctions. Il a été non seulement conseiller juridique en droit social mais aussi, entre autres, chargé d'enseignement à la faculté de droit de Lille II. Actuellement il occupe les fonctions de Directeur des Ressources humaines au sein d'un grand organisme à vocation médico-social. Laurent Bibard, professeur à l'ESSEC, ancien directeur de cette école, est tout autant spécialiste en management qu'enseignant habilité à diriger des recherches en philosophie et psychologie. Enfin Marie Paule Labreur est experte-comptable, chargée de cours à l'ESSEC, mais aussi psychologue, ce qui est rare.
Nous avons demandé à ces différents auteurs qui évoluent dans des mondes parfois forts différents et qui sont spécialisés dans des disciplines distinctes de s'exprimer sur l'immoralité. Tous ces auteurs n'ont pas nécessairement la même vision politique au sens noble du terme. C'est ce qui nous a paru intéressant. Le choix du titre de l'article sous réserve d'un thème sur l'immoralité au sens général était volontairement libre. Il nous a semblé, en dépit des différences d'orientation et de cette liberté, qu'il existait d'une certaine manière une volonté commune qui était celle de briser des tabous, de souligner des hypocrisies, bref de paraître un peu iconoclaste pour la bonne cause.

Le texte de Guy Chaty s'intitule « l'immoralité de la

---

[2]) *éditions l'Harmattan 2012*

vie ». Certains nient que la vie pourrait être une chose en soi qui serait morale ou immorale. Ils estiment que seuls les individus vivants doivent être appréciés. On peut en discuter. Mais Guy Chaty parle aussi des humains. Il les compare avec les animaux. Il n'est nullement assuré « que les humains soient plus humains que les animaux ».

L'article de Francisco Mannaga s'intitule « De l'immoralité en droit du travail à l'aune des discriminations « positives » institutionnalisées ». Cet auteur ne manque pas de souligner qu'il ne faut pas se cacher derrière les mots. Toute positive qu'elle est, la « discrimination positive reste une discrimination » aussi regrettable qu'une discrimination négative.

Vanessa Padioleau évoque « l'immoralité dans l'utopie ». L'utopie est généralement perçue comme positive. Elle souligne pourtant que l'utopie peut être dangereuse. Une certaine méfiance s'impose. Des réalisations passées au nom de l'utopie paraissent effrayantes. Les beaux discours ont dissimulé une dictature (Hitler), une perte de liberté (il en est ainsi de certaines républiques dites démocratiques) voire la mort et en tous les cas une grande immoralité.

Olivier Brisson, de manière humoristique, fait part de ses impressions sur la Légion d'honneur, illustrant d'une certaine manière que « l'immoralité est peut être devenue la clé du fonctionnement de l'humanité ». Il n'est pas loin d'affirmer qu'un certain ménage devrait être fait dans l'ordre de la Légion d'honneur, ou qu'un tel hochet, que beaucoup recherchent, sert plus à remercier ceux qui ont rendu service à un parti qu'à la nation.

Marie Paule Labreur fait enfin observer que la vision de

la femme sur la gestion comptable n'est pas tout à fait identique à celle des hommes. Leur présence au sein de conseil d'administration pourrait ainsi, estime-t-elle, apporter un plus. On peut espérer qu'elle sera suivie. Mais les femmes « seraient-elles toutefois plus morales que les hommes ? »

Le texte de Laurent Bibard intitulé « Sur l'a-moralité : mise au point » est de nature philosophique. L'auteur évoque la morale, le moralisme, la politique, l'éthique. Il indique que « le moralisme secrète ce contre quoi il lutte ». Il souligne la pertinence des anciens eu égard à la morale. Il évoque Marx mais aussi Aristote pour qui il semble avoir un faible. « La morale d'Aristote plaide pour tout sauf pour les éclats et la brillance de l'héroïsme romantique des modernes ».

Jacques Delga, directeur de l'orientation de cet ouvrage, tente de souligner qu'au regard du droit la prostitution n'est pas aussi immorale qu'on l'imagine; voire même qu'elle n'est plus considérée comme immorale. Pourtant une double hypocrisie se dessine alors que tout le monde reconnaît que la prostituée n'est qu'une victime. Non seulement la prostituée n'a toujours pas de statut professionnel bien que la prostitution ne soit pas illégale mais encore le client risque d'être pénalement poursuivi selon une proposition de loi votée en première lecture à l'Assemblée nationale en décembre 2013. Comment dès lors considérer que le désir est de protéger la personne prostituée?

Je tiens à remercier plus particulièrement Éric Abitbol, psychologue pour ses conseils et Florence Letessier, chargée d'enseignement à l'ESSEC et responsable de programmes, pour ses diverses diligences.

Jacques Delga
Professeur honoraire à l'ESSEC business school
Ancien Avocat

Présentation des auteurs par ordre alphabétique

Laurent BIBARD

Diplômé de l'ESSEC (1985), Docteur en philosophie (1995) et en économie (1991), habilité à diriger des recherches en gestion (2001) et en philosophie (2013), ancien Directeur de l'ESSEC et du pôle MBA (2005 – 2009), Laurent Bibard est professeur au département Management de l'ESSEC, où il enseigne la philosophie politique, la sociologie, et l'économie du changement technique. Il travaille sur les relations entre les genres au sein des organisations, et sur les dynamiques de vigilance en situation de crise.

Son expérience le convainc de la pertinence des anciens eu égard à la morale – patience et longueur de temps valent mieux que force ni que rage !

Guy CHATY

Professeur honoraire des universités, écrivain. Ancien vice-président de l'université Paris Nord. Auteur d'ouvrages pédagogiques en mathématique et en informatique, de communications scientifiques dans des revues et colloques internationaux en théorie des graphes ; a publié aussi poèmes, nouvelles, essais, récits, théâtre, chansons dans une cinquantaine de revues littéraires, dix-sept recueils, anthologies, colloques et sites ; membre de plusieurs sociétés littéraires ou artistiques, du comité de rédaction ou de lecture de trois revues littéraires. Voir son site : http://guychaty.free.fr.

Se demande ce l'on peut attendre de la vie, qui contient en elle-même, dès le début, des forces de destruction et de construction, d'où son article au titre un peu provocant : « Immoralité de la vie ».

Jacques DELGA

Professeur honoraire à l'ESSEC, habilité à diriger des recherches, ancien professeur associé des universités, ancien avocat, ancien responsable du Mastère ESSEC droit des affaires internationales et management

Jacques Delga est intervenu dans divers colloques nationaux et internationaux. Il a travaillé notamment sur la mondialisation (*corporate governance*). Il a publié une centaine d'articles et une vingtaine de livres en Droit et Gestion dont *Manuel de l'Innocent*[3], *Souffrance au travail dans les grandes Entreprises*[4], *Droit des Sociétés*[5], « Droit des Contrats » in *Droit de l'Entreprise*[6], *Sexualité Libertinage Echangisme et Droit*[7].

Il s'indigne de la manière hypocrite dont est traitée la prostitution, en France particulièrement, et de l'utilisation d'arguties juridiques pour masquer des orientations idéologiques. Il s'émeut de la nouvelle et subite proposition de loi destinée à pénaliser le client et estime qu'il aurait été préférable de développer une éducation à la sexualité y compris dans les écoles

Marie-Paule LABREUR

Diplômée d'expertise-comptable et titulaire d'un master recherche en psychologie, chargée d'enseignement à l'Essec en comptabilité financière et à l'Institut de Psychologie de l'université Paris Descartes en psychologie différentielle et en analyse statistique des données. Elle est actuellement doctorante en sciences de gestion à l'université de Grenoble, au Centre d'Études et de Recherches Appliquées à la Gestion (CERAG, UMR

---

[3]) éditions Eska

[4]) éditions Eska, 2010

[5]) éditions Dalloz, 2008

[6]) éditions Lamy 18 édition successives à ce jour

[7]) éditions l'Harmattan 2012

CNRS 5820) et ses travaux de recherche portent sur l'impact de la présence des femmes au sein des conseils d'administration sur la gestion des résultats. Anciennement auditrice chez KPMG et Deloitte, elle a également occupé des fonctions de direction financière dans des filiales de groupes internationaux.
En entreprise, la gestion des résultats consiste à intervenir sur les chiffres comptables, tout en restant dans les limites de la légalité et en respectant les normes comptables. Les motivations à la gestion du résultat sont diverses et incluent notamment celles de se conformer aux attentes des analystes financiers, d'influer sur les conséquences de l'application de clauses contractuelles basées sur ces montants ou encore de fournir aux investisseurs des indices sur les performances futures. Bien que ces pratiques ne soient, semble-t-il, pas exceptionnelles et qu'elles n'enfreignent pas la loi, il n'est pas interdit de se demander si elles demeurent toujours dans les limites de la moralité. Or, des recherches ont montré que la présence de femmes au sein des organes de surveillance des entreprises limitait le recours ou l'ampleur de la gestion des résultats. On peut donc s'interroger sur ce phénomène tant au niveau individuel (les femmes seraient-elles plus « morales » que les hommes ?) qu'au niveau des dynamiques collégiales ou de groupe (par quels mécanismes les femmes, généralement minoritaires dans ces instances, parviendraient-elles à influencer les comportements ?).

Francisco MANANGA
Docteur en droit privé, chargé d'enseignement et membre de L'Ereds-CDR&P à la Faculté de droit de Lille II, Directeur des Ressources Humaines au sein de l'APAJH du Nord, reconnue d'utilité publique.

Francisco MANANGA intervient dans les formations des cadres du secteur de l'économie sociale et solidaire ainsi que dans des nombreux séminaires et colloques. Il publie des ouvrages (éd. L'Harmattan, éd. Du Cygne) ayant trait notamment au travail social et au droit du travail ainsi que de nombreux articles dans les revues spécialisées.
Il s'interroge sur l'hypocrisie « législative et réglementaire » autour de la notion de discrimination « positive » notamment au travail. Il estime qu'il n'y a ni discrimination « positive » ni « négative » ; il n'y a que des « discriminations » stricto sensu, avec les conséquences juridiques et humaines que cela comporte.

Vanessa PADIOLEAU
Docteur en Langues et littératures anciennes, professeur en discours (EMA Vendée), formatrice en français (Afpia Ouest, LISAA Nantes).
Vanessa Padioleau a publié divers articles sur ses thèmes de recherche que sont l'utopie et les villes idéales (dont l'Atlantide). Elle a participé en 2012 au colloque Jules Verne.
L'utopie se présente comme la réalisation d'un idéal généralement personnel. Avec cette étude intitulée « l'immoralité dans l'utopie », j'ai voulu montrer qu'effectivement la notion d'utopie était subjective et, de plus, soumise au temps, en exposant en quoi certaines de ces utopies pouvaient présenter des aspects qui, s'ils semblent idéaux à leurs auteurs à une époque donnée, peuvent apparaître comme immoraux aux yeux d'une autre personne ou à une autre époque.

I De l'immoralité dans l'utopie

Vanessa Padioleau

L'utopie se veut la description d'un idéal qui est propre à son concepteur. La vision proposée est donc personnelle. Cette notion d'idéal fait que l'utopie est généralement perçue positivement. Or il arrive que, parfois, la vision que l'on porte sur une utopie devienne négative en raison des idées qui y sont évoquées parce que nous les entendons comme immorales. Ainsi cet article se propose de traiter quelques exemples d'utopies que l'on pourrait qualifier d'immorales.
Mots- clés : utopie, immoralité, Atlantide, More, Campanella

« *L'immoralité, c'est la révolte contre un état de choses dont on voit la duperie* », écrit Ernest Renan. Cette définition de l'immoralité peut parfaitement caractériser l'utopie ou du moins l'acte de création d'une utopie. En effet, si l'on considère, comme Jacques Attali, que « *l'utopie est la volonté de modeler l'image de la société à partir d'un idéal éthique, d'une certaine conception de la justice, du bonheur, de l'efficacité, de la responsabilité* », on en déduit que l'utopie est une conception personnelle de la société qui nous entoure. Or, si l'homme ressent le besoin d'imaginer une société différente de celle dans laquelle il évolue, c'est qu'il perçoit cette dernière comme inadéquate avec ses idéaux. Il pourrait alors concevoir une utopie immorale, qui serait idéale à ses yeux quand elle serait contraire à la morale pour les autres.

La ville idéale, l'utopie de la ville, est propre à chacun d'entre nous. Chaque être humain a sa vision de la ville dans laquelle il aimerait vivre. Lieu de vie, de repos, de travail, de joie, de peur, d'angoisse, la ville est une entité à part entière, une personne à elle seule, au nombre infini de facettes. C'est un tout englobant habitat et habitants, un tout composé de deux aspects : la ville, qui se définit par l'ensemble des constructions et des bâtiments, c'est-à-dire le bâti, et la cité, qui réfère aux lois nécessaires au bon fonctionnement de la cité et à la politique, c'est-à-dire le spirituel. Ainsi, pas de ville possible sans habitants, pas de ville sans architecture. Si l'un des deux vient à manquer, le projet est caduc. On ne peut donc rester indifférent face à la ville, dans la ville, car chacun d'entre nous souhaite, selon son ressenti, l'améliorer, la fuir, la détruire, l'avilir ou la glorifier.

Lorsqu'une utopie surgit, il faut donc chercher à comprendre quelles raisons ont poussé l'auteur ou le concepteur, à ce moment précis, à exprimer son ressenti et à éprouver le besoin de le coucher sur le papier afin de partager son rêve avec autrui. Il se trouvera toujours des personnes pour être en accord avec sa vision des choses, du moins sur certains de ses aspects.

Cependant, il peut arriver que le concepteur d'une utopie ait des idées que la morale réprouve. Alors les avis sont plus nettement tranchés et, selon que l'on cautionne ou pas ces idées, on crie au génie ou au scandale. La morale en effet, comme l'utopie, nous est personnelle. Ainsi, certaines utopies perçues comme immorales lors de leur création sur certains de leurs aspects peuvent-elles par la suite sembler tout à fait décentes quand d'autres, jugées parfaites à l'origine, acquièrent au fil du temps un parfum de scandale. Tout est question de perception, et d'évolution de la pensée.

Il est évident que, pour la plupart des utopies, seules certaines caractéristiques peuvent être qualifiées d'immorales. Il nous faudra donc identifier ces dernières et les replacer dans le contexte de création afin de comprendre pour quelles raisons l'immoralité s'inscrit dans certaines utopies, sans oublier de les regarder avec nos yeux de lecteur moderne pour constater, parfois, une évolution de la perception. La liste, bien entendu, est loin d'être exhaustive et les choix arbitraires mais l'aspect significatif de ces utopies et leur importance dans l'histoire du genre justifient, ce me semble, ces choix.

L'Atlantide de Platon, première "utopie" du genre, est incontournable pour entreprendre cette analyse. Elle est précisément décrite dans deux dialogues de Platon, le *Timée* et le *Critias*, que l'on situe entre 421 et 415 av. J.-C. Ce mythe doit être analysé en parallèle avec *La République*, dialogue dans lequel le philosophe nous donne sa vision de la cité idéale, qui correspondrait à l'Athènes archaïque. L'Atlantide concentrera notre intérêt car, divine à l'origine puisque peuplée par la descendance de Poséïdon et Clito, elle devient de plus en plus "humaine" au fil des générations. S'il est vrai que la perfection n'est l'apanage que des seuls dieux, on comprend alors, puisque *l'ubris*[1], propre à l'homme, vient à constituer l'essentiel de la nature des Atlantes, pourquoi l'Atlantide est demeurée dans la mémoire collective comme une représentation de la cité idéale : c'est tout simplement parce qu'elle était plus "humaine" et qu'elle

---

1) *L'hybris* (aussi écrit hubris, du grec ancien ὕβρις / húbris) est une notion grecque que l'on peut traduire par démesure. C'est un sentiment violent inspiré par les passions, et plus particulièrement par l'orgueil. Les Grecs lui opposaient la tempérance, et la modération. Dans la Grèce antique, l'*hybris* était considérée comme un crime. Elle recouvrait des violations comme les voies de fait, les agressions sexuelles et le vol de propriété publique ou sacrée

contenait en elle bien plus d'éléments propres à susciter la rêverie que la cité platonicienne gouvernée par les philosophes.

L'Atlantide, caractérisée par son insularité, était *plus grande que la Libye et l'Asie réunies*[2]. Elle vit en autarcie car elle possède une abondance de richesses et une fertilité que l'on ne trouve nulle part ailleurs qui lui garantit des ressources quasi inépuisables concernant la faune, la flore et les ressources de la terre. L'Atlantide peut ainsi se développer et au fur et à mesure des règnes successifs des palais et des temples s'adjoignent à ceux préexistants, dans une surenchère de la démesure :

> *"Ils avaient revêtu d'argent tout l'extérieur du sanctuaire, à l'exception des arêtes de faîtage : ces arêtes étaient d'or. À l'intérieur, la couverture était toute entière d'ivoire et partout ornée d'or, d'argent et d'orichalque. Ils y placèrent des statues d'or*[3]*."*

On peut voir ici une première preuve de l'immoralité de l'utopie atlante, ou plutôt des Atlantes eux-mêmes. Platon fait de cette démesure une des raisons pour lesquelles les Atlantes furent punis par les dieux et virent leur cité sombrer sous les eaux. Le message pour ses contemporains, qu'il juge semblables aux Atlantes, est clair : revenez aux valeurs traditionnelles, celles de l'Athènes archaïque (qu'il illustre dans *La République*) sans quoi vous pourriez bien être également punis. Mais là n'est pas l'exemple le plus flagrant de l'immoralité de l'Atlantide.

En effet, la religion qu'on y pratique est également sujette

---

[2]) Platon, *Timée*, traduction Albert Rivaud, Paris, éditions Les Belles Lettres, 1985 ; 24e

[3]) Platon, *Critias*, traduction Albert Rivaud, Paris, éditions Les Belles Lettres, 1985 ; 116d

à caution, en particulier le cérémonial qui avait lieu lors du jugement d'affaires complexes. Les dix souverains de l'île (à l'origine, les 10 fils que Poséïdon eut de Clito, puis leurs descendants) y égorgeaient un taureau au sommet de la colonne des lois. D'aucuns ont vu dans ce rite compliqué la mise à mort du dieu Poséïdon lui-même, ce dieu étant parfois identifié à un taureau. Ainsi, tout en buvant son sang, les rois atlantes deviennent les égaux du dieu qu'ils viennent de mettre à mort. L'homme ne peut espérer atteindre le divin, il n'est que perfectible. Espérer plus ne devrait pas faire partie de ses aspirations et n'est donc pas conforme à la morale et à la religion que connaît Platon.

Quant à la cité d'Athènes à laquelle l'Atlantide est implicitement comparée dans ces écrits, malgré sa perfection, elle présente quelques aspects qui pourraient froisser notre sens de la morale, à commencer par la séparation des classes (cultivateurs, artisans, guerriers). Chaque classe se voit affecter une seule catégorie de métier, ce qui fait que la classe des guerriers, qui se dévoue entièrement à la défense de l'État, est entretenue par les deux autres classes ; en échange, les guerriers pourvoient à leur protection. Il faut donc supposer ici que des classes d'hommes acceptent de travailler pour une autre, privilégiée, et l'entretiennent avec leurs productions sans être payées en retour. Platon nomme cela "répartition des tâches", on pourrait sans trop forcer y voir de l'exploitation, immorale à nos yeux de lecteur moderne à qui l'on a appris que "tous les hommes naissent libres et égaux en droit". Les hommes de l'ancienne Athènes devaient faire preuve d'un esprit d'abnégation unique pour que ce système fonctionne. Il faut y voir, sans doute, la raison pour laquelle cette Athènes archaïque demeure un idéal inaccessible et pour laquelle l'Atlantide, marquée par

les passions, reste dans les esprits.
Le second critère qui pourrait, selon certains, revêtir un aspect immoral est l'égalité entre les hommes et les femmes, même en ce qui concerne les arts de la guerre :
« Ils veillaient soigneusement à ce que leur nombre, tant d'hommes que de femmes, déjà en état ou encore en état de porter les armes, fût, autant que possible, constamment le même, c'est-à-dire environ vingt mille[4]*. »*

Si cela est normal pour notre époque, ce n'était pas le cas lorsque Platon rédigea ses dialogues. Le philosophe peut être perçu comme étant en avance sur son temps. En effet, le fait d'éduquer les femmes et de les intégrer à l'armée est récent dans l'histoire moderne. Rares étaient les femmes cultivées jusqu'au XIXe, où l'éducation des filles s'est développée, même si l'on peut citer comme exception notable les femmes de Lacédémone. Ceux qui doivent appartenir à la classe des gardiens sont strictement "sélectionnés" tant au moment de leur naissance qu'à celui de leur mariage, afin de créer et de perpétuer une classe parfaite physiquement et mentalement, comme Platon l'expose dans *La République* :
« Il faut, selon nos principes, rendre les rapports très fréquents entre les hommes et les femmes d'élite, et très rares, au contraire, entre les sujets inférieurs de l'un et de l'autre sexe ; de plus, il faut élever les enfants des premiers et non ceux des seconds, si l'on veut que le troupeau atteigne à la plus haute perfection[5]*. »*

Ce critère de la perfection n'est pas sans rappeler un épisode tristement connu de l'histoire contemporaine : la sélection pour la purification de la race aryenne décidée par Hitler sous le régime nazi. L'extermination devient

---

[4]) Platon, *Critias*, op. cit., 112d. Voir aussi *La République*, traduction Robert Baccou, Paris, éditions GF Flammarion, 1966, 456c- 457b

[5]) Platon, *La République*, op. cit., 459b- 460a

chez Platon exil, il n'a aucun scrupule à se débarrasser des enfants nés avec une tare quelconque, ceci dans le but d'améliorer la race des gouvernants :

« Ces préposés porteront les enfants des sujets d'élite au bercail, et les confieront à des nourrices habitant à part dans un quartier de la ville. Pour les enfants des sujets inférieurs, et même ceux des autres qui auraient quelque difformité, ils les cacheront en un lieu interdit et secret, comme il convient[6]. »

La sélection est drastique et présente un caractère hégémonique. L'immoralité est donc flagrante sur ce point à nos yeux, mais à l'époque de Platon cela ne posait apparemment pas de problème de conscience.

Une des particularités d'Athènes concerne la communauté qui dans *La République* s'applique aux repas mais également aux femmes et aux enfants :

« Les femmes de nos guerriers seront communes toutes à tous : aucune d'elles n'habitera en particulier avec aucun d'eux ; de même les enfants seront communs, et les parents ne connaîtront pas leurs enfants ni ceux-ci leurs parents[7]. »

En effet, selon Platon, cela permet de diriger les choix des guerriers quant à leurs futures unions car, les jeunes étant amenés à se fréquenter au gymnase et lors des repas, qui sont également pris en commun, les unions naîtront selon lui nécessairement au sein du groupe. Ainsi rien ne se fait de la volonté de l'individu, c'est l'intérêt de la cité qui prime. Tout est décidé par les magistrats, qui décident du moment du mariage et de leur nombre afin de maintenir un nombre à peu près constant d'habitants dans la cité en fonction des pertes. Les habitants, et notamment la classe des gardiens, forment donc un seul corps et un seul esprit.

---

[6]) Platon, *La République*, op. cit., 460a- 461a

[7]) idem, 457b-458b

On ne pourrait de nos jours envisager de vivre de telle manière, nous pour qui l'individualisme est la règle. Il faut donc supposer, pour que cette cité vive, la perfection de cette classe de gardiens et des magistrats qui gèrent la cité, ce qui est impossible puisque, comme nous l'avons laissé entendre précédemment, la perfection est l'apanage des seuls dieux.
Ainsi Platon nous propose, avec *Timée* et *Critias* et *République*, sa vision d'une cité idéale. Fondée sur la séparation des classes pour une meilleure répartition des tâches, pratiquant la communauté des biens, l'Athènes de Platon n'est pas si morale qu'on pourrait le croire : sélection de la race, favoritisme (envers la classe des gardiens), abolition des libertés individuelles y compris celle de la procréation… L'immoralité, à nos yeux de lecteur moderne, est patente sur bien des aspects.

Le poète comique Aristophane nous fournit également matière à réflexion dans le domaine de l'immoralité. Dans sa pièce intitulée *Les Oiseaux*[8] (414 av. J.-C.) il décrit une cité fondée sur la communauté de biens. Sans géométrie apparente, cette cité est située entre ciel et terre ; elle est donc inaccessible si l'on ne possède pas d'ailes. Cette cité se nomme Coucouville-les-nuées, ce qui est totalement ironique de la part d'Aristophane puisque le coucou passe pour bête et frivole. C'est également le surnom des électeurs athéniens, appelés "coucous", c'est-à-dire "imbéciles". En effet, chez les oiseaux comme à Athènes, il y a lutte entre les partis démocratique et aristocratique et la pièce peut se voir comme une illustration de la versatilité de l'électorat athénien.
Les citoyens y vivent sans bourse afin de n'éprouver

---

[8]) Aristophane, *Les Oiseaux*, in *Théâtre complet* tome II, traduction Victor-Henry Debidour, Paris, Gallimard, 1966

aucune envie des biens d'autrui. La morale y est infime puisque, comme le prouve ce passage, tout ce qui est interdit à Athènes est permis ici, même battre son père :

> *« S'il est honteux aux yeux de la loi de battre son père, cela est beau chez nous, comme de courir sus à ton père et de le frapper...* [9]. »

On peut penser ici que l'auteur ironise. Le principe appliqué est celui de la loi naturelle, que l'on trouve chez tous les animaux, y compris les oiseaux : chacun se défend soi-même et le plus faible périt. Bien entendu, cette loi ne doit pas s'appliquer à l'homme car dans une cité humaine, fondée sur l'entente et l'entraide, si une telle loi s'appliquait il n'y aurait pas de vie possible et l'anarchie régnerait. C'est pourquoi, probablement, Pisthétairos atténue la portée de ces proposes en citant en exemple les cigognes, espèce où les enfants s'occupent de leurs parents. Cela est plus proche de la morale de l'homme.

Les véritables dieux de cette cité sont les oiseaux. Ils doivent donc être honorés comme tels. Les dieux traditionnels cessent donc de recevoir les fumées des sacrifices que les hommes leur adressent, fumées qui constituent leur seule nourriture. Il faut donc empêcher cette fumée de monter vers les dieux, ce qui va les affamer. Les hommes ne veulent plus des dieux, mais les dieux ont besoin des hommes. Sans sacrifice, plus de dieux. Les dieux sont donc dans l'obligation de s'allier avec les oiseaux afin de récupérer les fumées qui leur permettent de vivre. L'immoralité réside donc ici dans le fait que les dieux sont tournés en dérision par le philosophe ; ce ne saurait être considéré comme immoral de nos jours, hormis par certains aux convictions profondes.

---

[9]) Aristophane, *Les Oiseaux, op. cit.*, 757-760

La seconde pièce, *L'Assemblée des femmes*[10], est une comédie satirique que l'on date de 392 av. J.-C. Les femmes, lassées de la manière dont les hommes gouvernent la cité, se présentent à l'Assemblée déguisées en hommes et se voient remettre le gouvernement de la cité sous l'égide de Praxagora. Une des premières mesures qu'elle prend est la communauté des biens, qui s'applique également aux femmes, ainsi qu'elle l'explique à son mari au retour de l'assemblée :

> *« Ce que j'allais dire, c'est : pour commencer, communauté de terres, de l'argent et de tous les avoirs personnels. Sur ce fonds commun, c'est nous qui vous nourrirons : à nous la gestion, le contrôle des dépenses, et la mise au point du plan.*
> *– Et pour celui dont l'avoir n'est pas en bien-fonds mais en argent et en devises ? Cette fortune-là est indivisible !*
> *– Il la versera à la masse. [...]*
> *– Suppose un type qui avise une mignonne ; il la convoite, il veut la tromboner : c'est en puisant dans ses fonds privés qu'il pourra lui faire un cadeau. En fait de jouissance en communauté, il aura couché avec elle !*
> *– Mais gratis il aura le droit de coucher avec ! J'institue aussi la communauté des femmes entre tous les hommes : pourra les mettre au lit avec lui et les engrosser qui voudra.*
> *– Mais Il faut cependant y voir un souci comment les empêcher de converger tous sur la plus fraîche et jolie pour essayer de lui foncer dedans ?*
> *– Les laides et les camuses auront leur place à côté de celles qui sont dans leur gloire : et qui désirera*

---

10) Aristophane, *L'Assemblée des femmes*, in *Théâtre complet* tome II, traduction Victor-Henry Debidour, Paris, Gallimard, 1966

la belle commencera par s'envoyer l'affreuse.[11] »

Malgré le souci manifeste d'équité afin que toutes les femmes, vieilles et jeunes, laides et belles, puissent être satisfaites, on ne peut affirmer que cette situation est morale, que ce soit à l'époque d'Aristophane ou au XXe siècle. L'impression rendue est plutôt celle d'un lupanar à l'échelle d'une ville entière. Il est vrai que la pièce est une comédie, le ton et le vocabulaire utilisé le prouvent, mais la critique sous-jacente est évidente : la cité est si mal gérée que même les femmes feraient mieux même en prenant des mesures extrêmes comme celles évoquées. De même, puisque la communauté s'applique également aux plus jeunes, comment demander à une mère de partager ses enfants ? Plus de famille ni d'individus mais un seul corps, commun à tous, qui vit de plus dans des logements uniformes. Ainsi, le système n'est pas sans rappeler celui des classes d'âge évoquées par Platon :

« *Les enfants regarderont comme leur père tous les plus âgés, d'après les années*[12]. »

Cette pièce est pour Aristophane un prétexte pour railler des projets familiers au public athénien. Il s'attaque ainsi aux législateurs, en rabaissant les hommes et en donnant le pouvoir aux femmes et à la religion, plus indirectement, dans la pièce *Les Oiseaux* ainsi qu'à nombre de préceptes établis et de mauvaises habitudes des Athéniens. Avec cette fiction littéraire, Aristophane veut faire prendre conscience à son public que la cité d'Athènes est mal gérée. Il imagine donc une utopie choquante par son immoralité car elle propose des projets fantasques afin de réveiller les consciences et de faire prendre la mesure du ridicule de certains traits caractéristiques et actions de ses concitoyens.

---

[11]) Aristophane, *L'Assemblée des femmes*, op. cit., 590- 620

[12]) idem, vers 637

La critique de la société est souvent prétexte pour les auteurs à l'établissement d'une cité utopique, comme l'a fait Aristophane. C'est aussi le cas de Thomas More avec *Utopie* et de Thomas Campanella dans *La Cité du Soleil.*

Thomas More, chancelier du roi d'Angleterre Henri VIII, fait paraître son ouvrage en 1516. L'Angleterre est alors en plein essor économique mais les paysans, au nom du progrès, sont expropriés de leurs petits terrains au profit de la politique des enclosures, qui favorise l'élevage des moutons suite au développement des manufactures de laine en Flandres. Dépossédés de tout, les paysans se font soldats, domestiques ou, plus souvent, voleurs ou vagabonds. Ainsi naît une population à deux vitesses, où la nouvelle classe marchande côtoie la terrible misère des paysans. More dénonce ce système dans son œuvre et lui oppose un mode de vie qu'il veut idéal, où la propriété individuelle est abolie.

Cette notion de propriété partagée, si chère à More comme à Campanella, ne devait pas être du goût des riches marchands contemporains du chancelier. Comment envisager, en effet, de partager son bien avec autrui ? La notion même de communauté (notamment celle des femmes), qui fonde de nombreuses utopies, peut choquer certains esprits, d'autant qu'elle ne s'applique pas seulement à la terre mais qu'il s'agit plus réellement d'un mode de vie.

En effet, la règle de la communauté se pratique au sein même de la famille. Non content de "déverser" le trop-plein d'une famille (limitée entre 10 et 16 personnes) d'une cité à une autre, Thomas More fait en sorte que tous les enfants, filles et garçons sans distinction de rang, soient élevés ensemble et reçoivent la même éducation, ce qui pour l'époque dont nous parlons semble inconcevable.

La plupart du temps, les filles ne recevaient pas d'éducation. Il paraît difficilement imaginable de demander à une famille d'envoyer quelques-uns de ses membres vivre chez une autre famille. De plus, il nous faut souligner que la politique de contrôle des unions sexuelles est réglementée, ce qui fait qu'il ne devrait pas y avoir de surpopulation. Un âge minimum en effet est requis pour se marier, à savoir de 22 ans pour les filles et de 26 pour les garçons :

« Une fille ne se marie pas avant sa vingt-deuxième année, un garçon, avant sa vingt-sixième[13]*. »*

Avant le mariage, les prétendants doivent se montrer nus l'un à l'autre afin d'éviter toute dissimulation d'une quelconque tare physique pouvant entraîner l'annulation du mariage[14]. Ainsi, une femme qui recourrait au maquillage pour masquer un défaut peut être chez More légalement punie car il y a de sa part vanité :

« recourir aux fards est le fait d'une vanité coupable[15]*. »*

Quant aux enfants qui naissent de ces unions, ils peuvent être exclus de la cité s'ils voient le jour avec une tare, ceci dans le but de préserver la perfection des citoyens, tant moralement que physiquement. On n'est pas loin ici de l'eugénisme, dont les horreurs ont rempli quelques-unes des pages les plus noires de l'histoire contemporaine.

Enfin, quant aux lois régissant la moralité, signalons que chez More l'euthanasie est légale et permet aux malades de s'éteindre dignement[16]. Ainsi More, allant ainsi à l'encontre de la religion règle-t-il un problème qui, de nos

---

[13]) More, *L'Utopie*, traduction de Marie Delcourt, Paris, éditions Flammarion, 1987 ; livre II, page 191

[14]) idem., page 192

[15]) ibidem, page 195

[16]) ibid., pages 190-191

jours, fait toujours débat.
La vie sociale présente aussi quelques particularités qui peuvent heurter la morale. Le premier point que nous pouvons évoquer est celui du travail obligatoire. En Utopie, la journée de travail est de six heures pour tous les citoyens en âge de travailler[17]. Tous doivent à la communauté deux ans de service agricole et, au moment des moissons, tous doivent participer[18]. Or, loin de rechigner devant leur travail, ces citoyens sont si productifs que la cité peut se permettre de distribuer l'excédent de production à d'autres cités moins favorisées[19], ce qui semble impossible de nos jours : on imaginerait difficilement redistribuer 1/7 de notre production annuelle aux plus pauvres[20]. On ne peut ici qualifier cet acte d'immoral, mais il provoquerait certainement des réactions chez les producteurs, entre autres, si l'on voulait le mettre en place. De plus, en dehors de l'agriculture, chacun doit apprendre un métier au choix parmi ceux de première nécessité tels tissage, maçonnerie, travaux de la forge, etc[21]. Cependant, étant donné que le travail en Utopie a pour fonction d'enrichir la cité et non l'individu, l'habitant ne reçoit de salaire pour sa peine que ce qui est indispensable à son entretien et à son confort minimum, puisque tout luxe superflu est banni[22].

> *« Mais, dans quelque hameau qu'il arrive, il ne recevra aucune nourriture avant d'avoir accompli,*

---

[17]) More, *L'Utopie*, op.cit., page 148
[18]) idem, page 139
[19]) ibidem., page 141
[20]) ibid., page 163
[21]) ibid., page 147,
[22]) ibid., page 141. Voir aussi page 187 pour l'absence d'individualisme

telle qu'elle se pratique en cet endroit, la tâche d'une matinée ou d'un après- midi. Sous cette condition, chacun est libre de parcourir le territoire de sa région: il sera aussi utile à la cité que s'il y habitait[23]*. »*

"Toute peine mérite salaire", dit le proverbe, qui illustre fort bien la politique de More: si l'homme qui voyage ne se rend pas utile dans l'endroit où il parvient, il ne recevra rien. Pour pouvoir manger, il devra travailler. Le travail est obligatoire, mais également nécessaire puisqu'il est le seul moyen d'obtenir de la nourriture. Aucun moyen d'y échapper, sauf si l'on est dispensé ou malade. Thomas More condamne en effet l'oisiveté, qui touche selon lui un bien trop grand nombre de personnes parmi ses contemporains. Si le citoyen qui désire voyager refuse de se plier à cette règle, il est alors circonscrit à son territoire. Ce qui est surprenant, c'est que tous semblent se plier à ce système. Nos yeux de modernes y verraient une forme d'esclavage. Certains métiers, plus cotés que d'autres comme les métiers de lettres, tendent à prouver qu'il existe malgré tout une distinction de classes[24]. On trouve par exemple en Utopie des esclaves, au plus bas de l'échelle sociale. Ils sont utilisés pour les basses besognes, notamment l'abattage et le dépeçage des animaux[25], c'est-à-dire des métiers nécessaires mais pas nobles. Ils travaillent hors de la ville afin que les habitants de la cité ne risquent pas de perdre « les qualités du cœur qui sont le propre de l'humanité ». Ces personnes auraient-elles donc perdu tout sentiment humain, étant ainsi ravalées au niveau des bêtes qu'elles mettent à mort ? Les prisonniers que l'on envoie souvent faire ces besognes n'auraient donc

---

[23]) More, *L'Utopie*, op.cit., page 162
[24]) idem, page 151
[25]) ibidem, page 157

ainsi aucun espoir de rédemption ? L'isolement de ces esclaves dans le texte de More paraît être volontaire puisqu'ils le font pour le bien-être des citoyens (et que l'individualisme leur est étranger). Cependant, il y a là une contradiction interne : soit les esclaves n'ont aucun sentiment humain à force de dépecer des animaux, soit ils en ont encore puisqu'ils se préoccupent du bien-être d'autrui. En ce cas, pourquoi les isoler et les astreindre à ce qui, pour More, semble être une basse besogne, quand il semble généralement glorifier le travail sous toutes ses formes ? Ici, l'utopie de More est bel et bien immorale.

Quant aux loisirs, ils sont consacrés à l'instruction, la conversation ou la musique, les jeux de hasard étant interdits[26]. Là encore, aucune liberté ou presque dans le choix des citoyens. Il faut donc que les habitants soient dotés d'une excellente moralité pour envisager une vie sociale en Utopie, moralité en complète opposition avec celle des contemporains de More.

Enfin, nous signalerons la particularité du commerce qui a lieu en dehors de la ville. Les dividendes que produit l'export du surplus de production à l'étranger[27] forment une sorte de trésor de guerre qui, pour les Utopiens, n'a que peu d'importance puisque la monnaie n'a pas cours chez eux. L'or et l'argent sont même utilisés pour fabriquer des vases de nuit ou des chaînes destinées aux esclaves. Cependant, l'esprit mercantile est bel et bien présent en Utopie, comme le commerce d'esclaves le prouve. L'argent, quant à lui, est également utilisé pour acheter l'ennemi[28] ou payer les mercenaires, qui leur sont fournis essentiellement par les Zapolètes (dont le nom

---

26) More, *L'Utopie*, op.cit., page 197
27) idem, page 163
28) ibidem, page 164

signifie : "ceux qui ne demandent qu'à se vendre"[29]). Les Utopiens payent ces gens dans le but de faire la guerre à leur place mais en réalité en les envoyant au front sans arrêt ils cherchent à les éliminer[30] ce qui prouve que la moralité des Utopiens n'est pas si parfaite que More veut nous le faire croire.

La Cité du Soleil de Thomas Campanella paraît en Italie en 1623. Cet ouvrage présente de nombreux points communs avec *L'Utopie* de More, parue plus d'un siècle auparavant. L'auteur, religieux et philosophe, fanatique dans ses écrits comme dans ses idées, s'opposa farouchement à la domination espagnole, qui exerçait sa tutelle sur l'Italie depuis 1558. Emprisonné, torturé puis abandonné à sa réclusion, Campanella écrit, encore et encore : des poésies, des essais, et la *Cité du Soleil* à partir de 1602. Campanella veut proposer un monde utopique, comme More, pour dénoncer cette politique qui l'a envoyé en prison. L'éducation commune est présente également chez Campanella:

> *« Grâce à l'éducation qu'elles ont reçue, les femmes se révèlent aussi aptes à l'art de la guerre qu'aux autres fonctions[31]. »*

On retrouve cette règle de fonctionnement chez Platon, dont tous deux se sont inspirés. Cette similitude entre More et Campanella est notable également en ce qui concerne les enfants. Campanella explique que les enfants "appartiennent à la communauté, à la République[32]" et que leur éducation à tous est identique. Cependant,

---

[29]) More, *L'Utopie*, op.cit., pages 205 à 207
[30]) idem, page 207
[31]) Thomas Campanella: *La Cité du Soleil*, traduction d'Alexandre Zévaès, Paris, Librairie philosophique Jean Vrin, 1950; voir page 71
[32]) idem, page 65

contrairement à More ou à Platon qui excluent les enfants atteints d'une tare, Campanella est plus juste puisqu'il parvient à tirer avantage d'une infirmité ou d'une difformité :

> *« Ce que chez les Solariens j'admire fort, l'exemple qu'ils donnent, et dont l'on devrait s'inspirer partout, c'est que chez eux il n'existe pas un seul individu dont la Cité ne sache tirer parti, quelles que soient ses infirmités. J'excepte évidemment les vieillards atteints de décrépitude physique, encore que parfois ils puissent donner d'utiles conseils. Un boiteux peut être utilisé comme factionnaire: un aveugle peut être employé à carder la laine, à trier la laine pour les coussins et les oreillers; celui qui a perdu les bras et les yeux peut néanmoins rendre service à l'aide de sa voix ou de son ouïe; ne resterait- il qu'un seul membre à un individu, il peut encore être employé à la campagne comme surveillant[33]. »*

Tous sont donc employés au travail obligatoire, réparti en journées de quatre heures[34]. Le fruit de ce travail est troqué contre les denrées manquantes puisque là aussi l'argent n'a pas de valeur et n'est utilisé que pour fabriquer des *« vases ou des éléments dont la jouissance est commune à tous les citoyens de la République[35] »*, comme en témoignent les réactions moqueuses des enfants de la Cité à l'encontre des négociants étrangers :

> *« Les enfants de la Cité ne peuvent s'empêcher de rire aux éclats lorsqu'ils voient les négociants étrangers livrer pour quelques pièces d'argent une quantité considérable de marchandises. Les*

---

[33]) Thomas Campanella: *La Cité du Soleil*, op. cit., page 71

[34]) idem, page 68. Chez More, voir livre II page 148

[35]) ibidem, page 64

Solariens ne veulent pas que la présence d'esclaves ou de trafiquants équivoques risque de corrompre les moeurs de la Cité. Aussi, la pratique de tout négoce est- elle reléguée aux portes de la ville[36]*. »*

Quant aux relations entre les deux sexes, on signalera le même principe de communauté s'appliquant aux femmes. On retrouve cependant une moralité plus ancrée que chez More puisque chez Campanella la pratique des femmes ainsi que l'abstinence sont sévèrement contrôlées ; elles peuvent être considérées comme des récompenses ou des punitions, l'important étant de conserver la pureté du corps et de l'esprit. On a même recours à l'abstinence pour punir le mensonge, qui est considéré comme un manquement aux lois de la Cité et la pédérastie, quant à elle, est sanctionnée par une honte publique et la récidive peut conduire à la mort[37]. Ces contrôles sur la vie sexuelle des habitants sont immoraux, ils vont en effet à l'encontre de la liberté individuelle de chacun, cherchent à imposer une norme, des règles, dans un domaine qui est régi par la personnalité et l'instinct. La procréation est également surveillée de près puisqu'un âge légal est institué pour avoir des enfants[38] ; il existe toutefois des dispenses dans ce domaine puisque ceux qui ne sont pas portés sur ce type de distractions peuvent attendre plus longtemps et les hommes passionnés peuvent avoir commerce avec les femmes avant l'âge requis à condition que leurs partenaires soient stériles ou enceintes (notons qu'il n'y a pas d'arrangement similaire pour les femmes…). Les rapprochements des couples se font en fonction des complexions de chacun et d'après les observations des maîtres qui assortissent garçons et filles afin d'améliorer la

[36]) Thomas Campanella: *La Cité du Soleil*, op. cit., page 64
[37]) idem, pages 49 et 59
[38]) ibidem, page 59

race :

> *« Comme ils luttent tout nus, garçons et filles, à l'instar des anciens Grecs, les maîtres voient bien qui est impuissant et qui ne l'est pas, et quelles sont les constitutions qui s'appellent. Alors, après force ablutions, ils font l'amour tous les trois soirs, les grandes et belles filles avec les hommes grands et intelligents, les grasses avec les maigres et les maigrelettes avec les gros, de manière à tempérer les excès. Le soir prescrit, les enfants vont préparer les lits, où vont dormir ceux qu'aura désignés ka décision du maître et de la maîtresse[39]. »*

L'attirance physique, les sentiments, sont des critères qui n'entrent pas en ligne de compte. Tout est considéré sous l'angle du collectif, au point qu'une femme qui ne peut donner d'enfants à la Cité est considérée comme commune[40]. Elle est alors privée de certains privilèges accordés aux mères, ceci afin de ne pas susciter chez les femmes l'idée de se rendre volontairement stériles afin de combler leurs désirs. Les femmes stériles sont celles qui doivent satisfaire les jeunes gens fougueux ; leur statut se rapproche de celui des péripatéticiennes, mais Campanella les distingue de ces dernières[41].

En échange des produits qu'ils vendent, les Solariens ne demandent pas d'argent mais les denrées qui leur manquent. C'est un système de troc qui fonctionne en ce qui concerne les échanges commerciaux avec l'extérieur. La monnaie existe cependant dans la Cité du Soleil, mais elle est destinée aux ambassadeurs et aux voyageurs qui se

---

[39]) Campanella, La Cité du Soleil, éditions Droz, op. cit., pages 19-20

[40]) Campanella, La Cité du Soleil, traduction d'Alexandre Zevaès, Paris, librairie philosophique Jean Vrin, 1950 ; page 62

[41]) idem, page 61

rendent dans les pays étrangers. Les Solariens font également de l'or le même usage que les Utopiens:

> *« L'or et l'argent n'entrent pour rien dans ces promotions ; car les Solariens n'usent de ces métaux que pour fabriquer des vases ou des éléments dont la jouissance est commune à tous les citoyens de la République*[42]*. »*

Pourquoi ce besoin de réglementer les unions dans un cadre utopique ? Un paradoxe se met ici en place : les régimes utopiques prônent un retour à une vie naturelle, selon eux plus vertueuse, or ils régissent strictement les unions sexuelles et la génération qui constituent un acquis de l'être humain. Le but de ces gouvernements est de donner à ces habitants un cadre si strict qu'ils ne se rendent pas compte qu'on leur supprime l'instinct de génération que possède tout être dans la nature ; en obéissant à ses instincts, la race pourrait se dégrader puis disparaître, comme ce fut le cas pour l'Atlantide. Contrôler les unions, c'est préserver la pureté originelle. Aussi, lorsque les unions produisent des enfants atteints d'une tare quelconque, ces enfants sont envoyés à la campagne afin de surveiller l'évolution de leur handicap, quel qu'il soit[43]. On a vu plus haut, bien sûr, que tout le monde avait sa place dans la Cité, mais l'on punit ces enfants de quelque chose dont ils ne sont pas responsables en les exilant à la campagne, qui ne favorisera pas leur épanouissement intellectuel. On les cache comme si on en avait honte. Cela montre bien que le système de sélection mis au point n'est pas si efficace qu'on voudrait nous le faire croire.

Mais vouloir améliorer la race, n'est-ce pas immoral,

---

[42]) Thomas Campanella: *La Cité du Soleil*, traduction d'Alexandre Zevaès, op. cit., page 59

[43]) idem, pages 59-60

surtout pour un homme de foi comme Campanella ? Ne va-t-il pas ainsi à l'encontre des lois naturelles et divines ? Il nous semble que ni la dégénérescence ni l'amélioration d'une race ne relèvent de Dieu : l'homme est tout à fait capable du meilleur comme du pire, et au final la nature a toujours le dernier mot. Si l'utopie vivait selon les lois naturelles, elle proposerait plutôt une cité où les choses suivraient normalement leurs cours, sans chercher à détruire ou améliorer quoi que ce soit, ce qui à plus ou moins long terme mènerait probablement à l'anarchie puisque l'homme est mû la plupart du temps par ses passions.

La délation et la vengeance sont monnaie courante dans la Cité du Soleil[44]. Tout homme, notamment lorsqu'il est accusé, est encouragé à dénoncer des citoyens qui se seraient rendus coupables d'une quelconque exaction afin d'adoucir sa peine[45]. Quant à la pratique de la vengeance, elle s'appuie sur la loi du talion, celle des pirates qui dévastaient alors les mers. Cette loi qui prône la vengeance n'est toutefois pas en accord avec les préceptes bibliques. Il est surprenant, immoral de la voir instaurée en règle, d'autant plus dans une cité idéale, car la personne qui se venge est à son tour coupable. Le système est faussé. La corruption a également droit de cité, notamment parmi le clergé. Moines et prêtres, ayant fait vœu de pauvreté, ne devraient pas s'attacher aux biens matériels : leur ambition dessert le devoir de charité qui devrait être le leur. Ce qui est à l'origine de cela, c'est la richesse[46] qui est la source de tous les maux et engendre les défauts chez l'homme, parce qu'il est prêt à tout pour conserver ce qu'il a acquis. Pour que la Cité idéale puisse exister et perdurer

---

[44]) Thomas Campanella: *La Cité du Soleil*, op. cit., page 94
[45]) idem, page 96
[46]) ibidem, page 68

en toute moralité, il faudrait abolir la richesse ou tout du moins la désacraliser, ainsi que la propriété.
Enfin, on remarquera que la peine de mort existe dans la Cité, ce qui peut paraître étonnant puisqu'elle a été conçue par un religieux et Dieu commande de ne pas tuer. L'homme, en effet, ne peut avoir droit de vie et de mort sur ses semblables. De plus, la mort est longue et difficile puisque le coupable est lapidé, ce qui est loin d'être une solution rapide et indolore. Un homme parfait peut-il éprouver de la satisfaction à voir souffrir ainsi un de ses semblables ?
La conception du bien et du mal de l'idéal décrit par More et Campanella apparaît donc comme bien différente de celle que nous possédons. Pour nous, un monde idéal serait un monde d'égalité absolue, sans distinction de classe ni esclaves, où les mérites de chacun seraient pris en compte, où l'on ne travaillerait pas, où la notion de guerre serait inexistante, quelque chose en somme qui serait beaucoup plus proche de l'Ile des Bienheureux ou des Champs Elysées de la mythologie que d'Utopie ou de la Cité du Soleil. Ces défauts de la perfection sont sans doute une des raisons pour lesquelles ces utopies ne peuvent être réalisées, puisque les auteurs les reconnaissent eux-mêmes plus ou moins explicitement dans leurs écrits.

Lorsque Louis-Sébastien Mercier publie, en 1771, *Paris en l'an 2440, rêve s'il en fut jamais*, il n'aspire pas à faire de son œuvre une utopie. Il ne faut pas voir en cette œuvre une présentation de ce que serait Paris en 2440 selon Mercier mais comme une vision de ce qu'elle serait si le monde accordait la place qui lui revient à la raison. Mélange de plusieurs genres, à la fois récit, de voyage, science-fiction ou témoignage, *L'An 2440* n'est certainement pas une utopie puisque Paris n'est pas un non-lieu. Parcourant la cité en un rêve éveillé, le narrateur s'attache à nous décrire la ville telle qu'il l'imagine en 2440.

Un premier élément, anodin à nos yeux de lecteurs du XXIe, a pu faire réagir les classes sociales élevées d'avant la Révolution. En effet, chaque maison dispose de son jardin privatif :

> *« Le sommet de chaque maison offrait une pareille terrasse, de sorte que les toits, d'une égale hauteur, formaient ensemble comme un vaste jardin[47]. »*

L'intérêt du jardin est de proposer une certaine autarcie : le citoyen n'a pas besoin d'acheter ce qu'il produit dans son jardin et échappe ainsi aux taxes inhérentes sur lesdits produits.

Les rues et la manière de s'y comporter sont également remarquables ; en effet, on notera que des sanctions sont prévues au cas où un propriétaire de carrosse indélicat renverserait quelqu'un ; il devrait alors, si la personne devient infirme suite à cet accident, lui accorder une voiture pour circuler et l'entretenir pendant tout le reste de sa vie. On imagine difficilement un noble agir de la sorte à l'époque de Mercier, alors que cela paraît légitime à notre époque. Toujours dans les rues, on y remarquera l'absence de prostituées :

> *« Je ne rencontrais plus au coin des bornes de ces prostituées qui, le pied dans le ruisseau, le visage enluminé, l'œil aussi hardi que le geste, vous proposaient d'un ton soldatesque des plaisirs aussi grossiers qu'insipides. Tous ces lieux de débauche où l'homme allait se dégrader, s'avilir et rougir à*

---

[47]) Louis-Sébastien Mercier, *L'An 2440, rêve s'il en fut jamais*, Paris, éditions La Découverte&Syros, 1999 ; chapitre VIII, page 58

ses propres yeux n'étaient plus tolérés[48]. »

Mercier a des prostituées une opinion très négative. Il semble inconcevable cependant qu'elles disparaissent du paysage urbain. Preuve en est, et quand bien même cela choque la morale de nos jours encore, la prostitution est aujourd'hui autorisée (mais pas le racolage ni le proxénétisme) et les revenus générés par ce métier sont même imposables. Mercier ne voit dans l'interdiction des prostituées que l'aspect "hygiénique" pour l'essentiel : la suppression des péripatéticiennes permet d'enrayer les maladies que ces femmes véhiculaient, telles la syphilis ou la blennorragie.

Toujours dans un souci hygiéniste, Mercier "isole" volontairement certains métiers hors de la ville :

> *« Par une précaution salubre, et j'oserais dire morale, nous avons établi les tueurs hors de la ville [...] Le métier de boucher est exercé par des étrangers forcés de s'expatrier ; ils sont protégés par la loi, mais non rangés dans la classe des citoyens. Aucun de nous n'exerce cet art sanguinaire et cruel : nous craindrions qu'il n'accoutumât insensiblement nos frères à perdre l'impression naturelle de commisération*[49]. »

Aucun des citoyens ne souhaitant s'abaisser à cette besogne, il faut trouver des étrangers pour l'effectuer. Les bouchers, comme les abattoirs, sont donc installés hors les murs. Cette "ségrégation" n'a rien d'étonnant quand on sait que le bourreau officiel de la Cour était à cette époque considéré comme un paria et devait vivre en exclu, parfois même en se cachant. De nos jours, on voit mal au nom de quels principes moraux les bouchers ou les charcutiers accepteraient d'exercer en dehors des villes, d'autant plus

---

[48]) Mercier, *L'An 2440*, op. cit.,, chapitre XXVI, page 151

[49]) idem, chapitre XXIII, pages 139-140

que ce type de service, considéré comme du commerce de proximité, est généralement situé dans le centre des agglomérations.
Toujours dans le secteur commercial, on soulignera l'interdiction de trois produits dans le Paris de Mercier :

> *« Nous avons sagement banni trois poisons physiques dont vous faisiez un perpétuel usage : le tabac, le café et le thé*[50]*. »*

Non seulement ces produits inutiles (auxquels il faut adjoindre le chocolat, les épices et certains colorants) coûtent cher, ce qui accentue la pauvreté de la nation, mais ils minent la santé de leurs consommateurs. Le commerce est donc ramené aux choses essentielles de la vie, dont les marchés de la capitale sont abondamment pourvus, et tout désir de fantaisie est réprimé. À l'instar de More et de Campanella, Mercier pratique la communauté de biens, récurrente dans de nombreuses utopies :

> *« Si la nature, pendant une année, nous traite en marâtre, cette disette n'emporte point plusieurs milliers d'hommes : les greniers s'ouvrent et la large prévoyance de l'homme a dompté l'inclémence des airs et le courroux du ciel. Ainsi le plus pauvre est affranchi de toute inquiétude sur ses besoins*[51]*."*

À mots couverts, Mercier montre que la France de Louis XV est inacceptable car elle repose sur une inégalité de l'économie et de la consommation. Ce passage évoque également, implicitement, la responsabilité de l'État quant à cet état des choses. Cependant, étant donné qu'il ne propose pas de système de "rechange" dans son œuvre, on peut en déduire que ce qui est important pour Mercier à ce moment précis est le constat de l'incapacité de l'État et la

---

[50]) Mercier, *L'An 2440*, op. cit, chapitre XL, page 259
[51]) idem, chapitre XXIII, page 138

dénonciation des privilèges accordés à certaines grosses compagnies :

> *« Nous avons commencé par détruire ces grosses compagnies qui absorbaient toutes les fortunes particulières, anéantissaient l'audace généreuse d'une nation et portaient un coup aussi funeste aux mœurs qu'à l'État*[52]*. »*

Le reproche s'adresse majoritairement à la Compagnie des Indes, fondée en 1723, qui coûtait énormément d'argent à l'État. Dénoncée comme étant un monstrueux édifice, elle est abandonnée en 1769 par l'État qui décide de suspendre son privilège. Une nouvelle Compagnie, distincte de la première, est créée en 1785 et retrouvera une situation de monopole avant que l'assemblée constituante ne la lui supprime en 1790. Ces grosses compagnies sont la ruine des petits commerçants et de l'État, car c'est elles qui font la loi. Mercier les supprime pour contrer cette ruine. Cependant, Mercier ne pense pas, dans ce cas, aux personnes qui vivent de ces compagnies et se retrouveraient alors dans un dénuement extrême.

Enfin, pour en finir avec le domaine économique, on soulignera que le prix du pain chez Mercier, est toujours le même. Le pain est distribué au peuple lors de la séance de plaintes au monarque, devenant ainsi le "thermomètre de la misère publique " car lorsque le panier est vide, les ministres sont chassés et punis, ce qui n'arrivait pas[53] car tout le monde mangeait à sa faim. De nos jours, on ne pourrait envisager que le prix du pain reste stable indéfiniment. L'inflation et les agriculteurs céréaliers font que, là encore, une telle décision de la part de l'État pourrait être qualifiée d'immorale car à terme cette stagnation pourrait entraîner la ruine de certains

---

[52]) Mercier, *L'An 2440*, op. cit., chapitre XL, page 260

[53]) idem, chapitre XXXV, page 221

agriculteurs.
Le travail, comme dans les utopies précédemment évoquées, a également un rôle primordial. Tous les citoyens travaillent, les tâches sont réparties selon les capacités de chacun. Le rendement est donc important :

> *« Vous concevez donc que, n'ayant ni moines, ni prêtres, ni domestiques nombreux, ni valets inutiles, ni ouvriers d'un luxe puéril, quelques heures de travail rapportent beaucoup au-delà des besoins publics ; elles fructifient en bonnes productions et de toutes espèces : le superflu va trouver l'étranger, et nous rapporte de nouvelles denrées*[54]*. »*

Mercier critique ici ouvertement certaines fonctions (les religieux, entre autres) ce qui peut paraître immoral à certains mais demeure cependant caractéristique de la période prérévolutionnaire, marquée par de nombreuses remises en question. Ces oisifs, selon Mercier, sont une plaie de la société : clergé, courtisans, tous autant de sangsues qui vivent des pensions allouées par l'État. Les paysans, pour leur part, ne sont pas considérés à leur juste valeur ni suffisamment payés pour leur labeur. Dirigés par des métayers, le plus gros de leur production allait nourrir les citadins qui restaient passifs face à cette exploitation. Mercier dénonce cette attitude de désintérêt, voire de mépris de la condition paysanne.
La condition féminine, que ce soit dans le travail ou à la maison, n'a guère évolué chez Mercier. Ainsi les femmes y sont décrites comme "plus faibles et destinées aux soins purement domestiques[55]". De quoi faire hurler nos féministes modernes ! Chez Mercier, les femmes se consacrent presque exclusivement à l'éducation des

---

[54]) Mercier, *L'An 2440*, op. cit., chapitre XL, page 238
[55]) idem, chapitre XXIII, page 137

enfants :

> *« Chargées du soin de conduire les premières années de nos enfants, ils n'ont plus d'autres précepteurs qu'elles parce que plus vigilantes, plus instruites qu'elles ne l'étaient dans votre siècle, elles connaissent mieux le plaisir délicieux d'être mères dans toute l'étendue du terme*[56]*. »*

L'image est celle, traditionnelle, de la femme au foyer à qui l'on enseigne, hormis le soin des enfants, l'économie afin de gérer au mieux le budget familial et la manière de plaire à son mari. Ces femmes font tout cela avec douceur, modestie et patience[57], bien loin des considérations des femmes modernes qui trouveraient immoral de n'être pas traitées à égalité avec les hommes. Cette façon de vivre correspond bien à la vision du mariage par Mercier, où la femme dépend de l'homme :

> *« Tout homme nourrit la femme qu'il féconde et celle-ci, tenant tout de la main de son mari, est plus disposée à la fidélité et à l'obéissance : la loi étant universelle, aucune n'en sent le poids. Les femmes n'ont d'autre distinction que celle que leur époux fait rejaillir sur elles : toutes soumises aux devoirs que leur sexe leur impose, leur honneur est de suivre ces lois austères mais qui seules assurent leur bonheur*[58]*. »*

Même s'il n'y a pas de sélection par la naissance au moment du mariage et qu'une fille issue de la noblesse peut épouser un homme du peuple, la situation de la femme n'a guère changé dans cette projection futuriste. Elle ne semble pas avoir d'existence en dehors de la vie conjugale puisque c'est la distinction de son mari qui lui

---

[56]) Mercier, *L'An 2440*, op. cit, chapitre XXXVIII, page 243
[57]) idem, chapitre XXXVIII, page 242
[58]) ibidem, chapitre XXXVIII, pages 241-242

confère son statut. Si c'est là le rêve de Mercier en ce qui concerne l'avenir de la femme, il est heureux qu'il se soit trompé ! Bien sûr, il y a un progrès car la notion de mésalliance n'entre plus en ligne de compte. Chacun peut se marier avec qui bon lui semble, ce qui était proprement impensable à l'époque de Louis XV où les deux époux devaient être de préférence de même rang social.

Dans le domaine de la justice, Mercier prend le contrepied de ce qu'il connaissait à son époque, où les verdicts étaient parfois rendus en fonction des pots-de-vin versés et les procès d'une longueur à n'en plus finir. Il prône une justice morale et accessible à tous :

> *« Mais aussi les juges ne reçoivent plus d'épices : ils ont rougi de ce droit honteux, modique, en sa naissance, et qu'ils ont fait monter à des sommes exorbitantes : ils ont reconnu qu'ils donnaient eux-mêmes l'exemple de la rapacité, et que s'il est un cas où l'intérêt ne doit pas prévaloir, c'est le moment honorable et terrible où l'homme prononce au nom sacré de la justice*[59]*. »*

La critique est ici assez explicite. Mercier veut dénoncer les avocats véreux et l'immoralité de la justice contemporaine, où la gloire et l'argent prédominaient au détriment de la vérité. La justice qu'il décrit semble plus proche de celle que nous autres connaissons, ou du moins de ce que les instances dirigeantes souhaitent que nous voyons. Cette critique s'inscrit dans une refonte juridique et politique complète proposée par Mercier dans son œuvre. Il prend exemple entre autres sur la politique de Catherine II de Russie, qui fut un des modèles des philosophes des Lumières en matière de législation et de réformes. Il s'inspire également du traité *Des délits et des*

---

[59]) Mercier, *L'An 2440*, op. cit, chapitre XV, page 87

peines de Beccaria[60] qui mènera à certaines réformes sous la Révolution puis deviendra une référence quant à la peine de mort au XIXe siècle. Quant à cette dernière, Mercier insiste sur le fait qu'elle doit être librement consentie. Après reconnaissance de son acte, le condamné est exécuté d'une manière très différente de celle que l'on connaissait sous Louis XV : il s'avance libre devant ses juges et avoue sa culpabilité. Il se repend et, cessant alors d'être traité en coupable, il est réintégré dans la communauté qui se voit malheureusement contrainte de se séparer de lui. Il est alors conduit jusqu'au lieu d'exécution où il est fusillé puis, son crime étant expié, le corps est rendu à la famille pour les funérailles[61]. Le public, durant la sentence puis la cérémonie, est calme et recueilli, ce qui n'a rien à voir avec la foule hystérique qui à l'époque de Mercier se pressait en place de Grèves à chaque exécution pour se repaître de la mort et du malheur d'autrui, comme pour aller au spectacle. Mercier a choisi d'interdire les exécutions publiques car il trouvait malsain et immoral ce genre de comportement, ce dont on ne peut le blâmer. Il justifie l'existence de la peine de mort au nom de la dignité humaine et souhaite parvenir à une justice plus humaine, où les prisonniers seraient traités selon leurs crimes et non selon leurs statuts, où la mort n'est pas un divertissement public mais une sorte de cérémonie du pardon. Ainsi l'immoralité de leur crime s'efface devant l'attitude morale dont les condamnés font preuve lors de leur procès puis de leur exécution. On peut cependant objecter qu'une exécution peut toujours, en soi,

---

[60]) Cesare Bonesana, marquis de Beccaria (1738-1794), philosophe et penseur italien. Son ouvrage *Des délits et des peines*, paru en 1764, fut un des textes les plus importants pour les adversaires de la peine de mort à partir du XIXe siècle.

[61]) Mercier, *L'An 2440*, op. cit., chapitre XVI, pages 91-99

être considérée comme immorale.
Il existe également des punitions en cas de non paiement du tribut obligatoire, punitions minimes à nos yeux puisqu'elles consistent en l'inscription du nom du citoyen sur une sorte de tableau d'infamie : il est ainsi étiqueté "mauvais citoyen". Cela arrive rarement car chez Mercier les citoyens sont heureux de payer leurs impôts et font de plus des dons, souvent plus importants que le tribut obligatoire :

> *« Tout à côté, un autre tronc, d'une grandeur plus médiocre, offrait ces mots : don gratuit. Je vis plusieurs personnes qui, d'un air libre, aisé, content, jetaient dans le tronc plusieurs paquets cachetés, ainsi que de nos jours on mettait des lettres à la grand-poste*[62]*. »*

Ces tributs sont récoltés par l'intendant dans les provinces puis acheminés vers la capitale. Une fois compté, le revenu de l'État est alors annoncé publiquement, ce qui semblerait impensable de nos jours, tout autant que d'imaginer des citoyens heureux de payer les impôts, ce qui ne constitue pas une majorité ! Le fonctionnement d'une telle justice n'est possible que dans une utopie car l'homme se doit d'être parfait pour vivre dans ces conditions. Or, l'homme n'est que perfectible, donc la justice telle que décrite est alors utopique car, étant conçue et menée par des hommes, elle ne peut que difficilement être parfaite si elle est rendue par des hommes qui ne le sont pas. Les nombreuses évolutions de la loi semblent d'ailleurs montrer cette imperfection : la loi doit sans cesse être réajustée pour suivre l'évolution sociale, et ce qui était immoral un jour devient conforme à la morale le lendemain, et vice-versa.

---

[62]) Mercier, *L'An 2440*, op. cit., chapitre XXXIX, page 252

Quant au gouvernement, celui que propose Mercier peut nous sembler, à nous lecteurs, quelque peu avant-gardiste. Pour l'époque, sa conception de la gouvernance de l'État peut choquer la morale de certains de ses contemporains. La cité y est dirigée par un monarque, assisté en sa tâche par des ministres, ce qui est semblable aux régimes en place. Cependant, le monarque n'est pas absolu comme l'étaient les rois de France avant la Révolution. C'est lui qui propose et exécute les lois, mais le pouvoir législatif revient ensuite aux États assemblés du Royaume et l'administration des affaires civiles et politiques échoit au Sénat. Ce dernier doit rendre des comptes au roi, et tous deux rendent des comptes aux États qui se réunissent en assemblée tous les deux ans :

> *« Tout s'y décide à la pluralité de voix. Lois nouvelles, charges vacantes, griefs à redresser, voilà ce qui est de son ressort. Les cas particuliers ou imprévus sont abandonnés à la sagesse du monarque. Il est heureux et son trône est affermi sur une base d'autant plus solide que la liberté de la nation garantit sa couronne [...] Le citoyen n'est point séparé de l'État, il fait corps avec lui [...] Chaque arrêt émané du sénat est motivé, et le Sénat explique en peu de mots ses motifs et son intention*[63]*. »*

À une époque où la monarchie est absolue et de droit divin, envisager de partager le pouvoir avec le peuple est inenvisageable. Il faut voir en ce texte les prémices de la révolution qui s'annonce ; ces idées, comme celles d'autres penseurs, seront reprises par la suite à l'époque des Lumières. Le plus important pour Mercier est que le roi comprenne comment vit son peuple. Dans cette

---

[63]) Mercier, *L'An 2440*, op. cit., chapitre XXXVI, pages 227-228

optique, il est élevé dans l'ignorance de son rang et mène une vie simple jusqu'à ses vingt-deux ans, où il est publiquement reconnu par son père et peut lui succéder, car alors le vieux roi renonce au pouvoir. Il peut également se marier selon son choix : pas d'alliance politique obligatoire. Dans sa tâche, il est secondé par des censeurs, chargés d'éloigner de lui ceux qui seraient de mauvais conseil. Ainsi ne voit-on plus de courtisans oisifs errer autour du monarque dans l'attente d'une quelconque faveur.

Ainsi, dans le régime décrit par Mercier, les citoyens sont tous égaux, par droit et non par nature. Chacun doit être protégé par les lois, quel que soit son rang. Cette égalité que demande Mercier, c'est celle où les droits permettent à chaque citoyen d'avoir la propriété de ses biens, de son industrie et de ses talents, d'exprimer librement son opinion, ce qui pour nous paraît évident mais ne l'était pas en 1771 :

> *« On l'a tant de fois prouvé : la liberté de la presse est la vraie mesure de la liberté civile. On ne peut donner atteinte à l'une sans détruire l'autre. La pensée doit avoir son plein d'effet : y mettre un frein, vouloir l'étouffer dans son sanctuaire, c'est un crime de lèse-humanité*[64]*. »*

On retiendra de cette conception de la justice et du gouvernement que Mercier dénonce ici implicitement le système en place à son époque, celui de la monarchie absolue, qu'il qualifie d'ailleurs de "gothique" ce qui est pour lui synonyme d'obsolescence. La souveraineté absolue, qui met tout le pouvoir dans les mains d'un seul homme, ne peut être bénéfique à la nation :

> *« Nous avons éprouvé combien la souveraineté*

[64]) Mercier, *L'An 2440*, op. cit., chapitre IX, page 66

absolue était opposée aux véritables intérêts d'une nation[65]. »

Nous en terminerons avec Mercier en évoquant une caractéristique récurrente, à savoir la communauté, que l'on retrouve notamment pour les repas. Tout le monde peut s'inviter chez tout le monde, il y aura toujours une place, de la nourriture à partager. Plus aucune distinction de classe n'existe. Les personnes les plus aisées de la cité, non contentes de tenir table ouverte, utilisent de plus l'argent qu'elles possèdent fort intelligemment pour des expériences d'intérêt public dans le domaine de la science, de l'art ou encore pour construire des édifices qui seront mis à la disposition de tous par la suite. S'il existe donc des riches, ils ont su, chez Mercier, mettre leurs moyens au service de la communauté. On est bien loin ici du comportement de la plupart des compatriotes de Mercier, plutôt du genre à écraser négligemment les passants sous les roues de leurs carrosses et à amasser le plus de biens possible pour leur profit.

Le dernier exemple est une oeuvre d'anticipation d'Emile Zola, *Travail*, paru en 1901. Elle s'inscrit dans un cycle intitulé *Les Quatre Evangiles*, que Zola rédige de 1898 à 1902 et qui comprend *Fécondité, Travail, Vérité* et *Justice*. Malheureusement, la mort de l'écrivain l'empêchera de terminer ce projet et *Justice* restera à l'état d'ébauche. Zola propose dans Travail une cité ouvrière idéale que le concepteur, Luc Froment, nomme la Crècherie. Elle s'oppose dans le roman à l'Abîme, ville ouvrière à l'image de la réalité. La Crècherie est dépeinte comme une ville où il fait bon vivre. Elle a inspiré l'architecte Tony Garnier pour son projet de cité industrielle et possède certaines

[65]) Mercier, *L'An 2440*, op. cit., chapitre XXXVI, page 225

caractéristiques de l'utopie.
On signalera par exemple le fait que les enfants, garçons et filles, reçoivent une éducation commune, ans être séparés sur les bancs de l'école, ce qui n'était pas le cas en 1900 puisque la mixité dans les écoles publiques et privées s'est généralisée seulement dans les années 60. Les terres sont également communes, il n'y a plus de distinction de classes, ce qui permet d'avoir un seul et même espace commun pour tous :

> *« Lenfant, le maire des Combettes, aidé de son adjoint Yvonnot, après avoir rapproché les quatre cents habitants de la commune, venait de les décider à mettre leurs terres en commun, par un acte d'association copié sur celui qui régissait le capital, le travail et le talent, à l'usine nouvelle. Il n'y avait plus qu'un vaste domaine, permettant l'usage des machines, des grandes fumures, des cultures intensives, décuplant les récoltes, donnant l'espoir d'un large partage des bénéfices. Et les deux associations allaient se consolider l'une par l'autre, les paysans fourniraient le pain aux ouvriers qui leur fourniraient les outils, les objets manufacturés nécessaires à leur existence, de sorte qu'il y aurait rapprochement des classes ennemies, fusion peu à peu intime, tout un embryon de peuple fraternel*[66]*. »*

La terre, autrefois découpée en une infinité de petits lopins à peine rentables, est désormais un seul et immense champ que tout un chacun cultive, solidaire ensemble pour le bien-être commun. Zola évoque même les traitements que l'on apporte pour féconder la terre :

> *« Quand la terre n'était pas bonne, on refaisait la*

[66]) Emile Zola, *Travail*, in *Les Quatre Evangiles*, Paris, éditions Fasquelle, 1968 ; page 707

terre, on lui donnait, chimiquement, les qualités dont elle manquait. On la chauffait, on l'abritait, des cultures intensives donnaient deux récoltes, des fruits et des légumes en toutes saisons[67]*. »*

Mettre tout un village en commun suppose que tout le monde participe à l'entretien et accomplisse sa part de l'ouvrage au même degré que tous les autres. Cela veut dire que tous les hommes devront travailler autant pour partager de manière équitable ce qu'ils auront produit. C'est là où le bât blesse, car l'homme étant ainsi fait, dans la réalité il s'en trouvera toujours un pour prétendre avoir plus travaillé et mérité plus. Une telle situation peut donc paraître immorale à certains, qui opposeront à sa réalisation le fait de ne pas être payés en fonction du travail produit. De même, concernant, les produits chimiques, Zola ne semble pas percevoir l'aspect négatif de cette exploitation à outrance. Il faudra encore de nombreuses décennies pour qu'on se rende compte des problèmes posés par l'abus de ces produits. Ici, l'homme domine la nature quand de nos jours elle tend à reprendre ses droits et que l'homme se dirige vers un rapport plus sain avec la nature, comme le démontre l'engouement pour les produits bio qui va croissant.

Sur la question religieuse, la position d'Emile Zola n'est pas celle de la majorité :

> *« Chaque homme est libre de sa foi, et si une église n'a pas été bâtie, c'est qu'aucun de nous ne s'en est encore senti le besoin. Mais on peut en bâtir une, dans le cas où il se trouverait des fidèles pour l'emplir. Il sera toujours loisible à un groupe de citoyens de se réunir pour se donner la satisfaction qui lui plaise. Et quant à la nécessité d'une*

---

[67]) Emile Zola, *Travail*, in *Les Quatre Evangiles,* op. cit., page 921

religion, elle est en effet très réelle, lorsqu'on veut gouverner les hommes. Mais nous ne voulons pas les gouverner, nous voulons au contraire qu'ils vivent libres dans la cité libre...[68]*. »*

La religion de l'humanité, fondée par Auguste Comte[69], est celle dont Zola s'inspire dans son roman. On y privilégie la connaissance scientifique au détriment de la métaphysique, caractéristique de la religion traditionnelle. C'est une religion sans dieu, seuls les grands hommes sont honorés après leur mort en étant inscrits au calendrier positiviste. Dans *Travail*, la disparition de la religion est symbolisée par la décrépitude puis l'effondrement de l'église et le nombre décroissant de participants au culte.

Comme le prouve le titre du roman, le travail est là encore bien présent, et toujours obligatoire, à raison de quatre heures par jour sauf pour Jordan, l'inventeur, qui ne travaille que deux heures en raison de sa faible constitution. La besogne des ouvriers est de plus effectuée essentiellement par des machines dues à l'ingéniosité de Jordan et les habitants de la Crècherie n'ont presque plus rien à faire :

« À peine quelques heures par jour, et d'une besogne de surveillance, tellement les nouvelles

---

[68]) Emile Zola, *Travail*, in *Les Quatre Evangiles*, op. cit., page 746, Luc Froment à l'abbé

[69]) Auguste Comte (1798- 1857) naît à Montpellier dans une famille bourgeoise catholique. Il fait des études brillantes, notamment Polytechnique. Il est secrétaire de Saint-Simon de 1817 à 1824. En 1826, il commence un cours de philosophie positive et aura comme élèves Humbolt, Carnot, Blainville, Poinsot, Fourier et Esquirol. Il est répétiteur à Polytechnique de 1832 à 1852. En 1844 il rencontre Clotilde de Vaux et publie le Discours sur l'esprit positif. En 1846 il commence une seconde carrière et s'attache à la réorganisation morale. Il se consacrera à la philosophie de l'humanité jusqu'à sa mort en 1857.

machines, puissantes, ingénieuses, avaient fini par avoir des pieds et des mains, comme les ouvriers esclaves [...] Grâce à elles, l'homme achevait de conquérir la nature, d'en faire sa dépendance et son paradis. Et de quelles prodigieuses richesses elles le comblaient, une abondance toujours croissante des fleurs et des fruits de la terre, un luxe de plus en plus grand des objets manufacturés, chaque citoyen regorgeant de tous les biens, vivant en prince de ses quelques heures de travail, lui que la faim étranglait autrefois, après d'abominables corvées de dix heures[70]. »

L'éloge à l'électricité court dans tout le roman. Elle fait fonctionner les machines et facilite le travail de l'homme, qui n'est plus perçu comme pénible. La machine devient l'amie de l'homme, le remplace dans le travail. Elle est une aide et une amie, qui n'assure plus que l'entretien et la surveillance. Zola n'avait sans doute pas prévu dans cet éloge de la machine (et, plus généralement, du progrès) l'expansion de ces dernières dans certains corps de métier qui va entraîner le manque de travail pour l'homme et sa nécessaire reconversion et peut être considérée comme une des causes possibles du chômage que nous connaissons actuellement.

Présupposée à la réussite d'un tel projet, la disparition du commerce au profit du développement des magasins généraux et donc d'un système fondé sur le troc et la redistribution des richesses est mise en place pour une plus juste répartition[71]. Ces magasins sont d'immenses réserves, granges ou greniers aménagés spécialement. On y entasse la totalité des productions de toutes sortes de la cité et elles sont ensuite réparties équitablement entre les

---

[70]) Emile Zola, *Travail*, in *Les Quatre Evangiles op. cit.*, page 955

[71]) idem, page 790

habitants, qui peuvent également se servir dans les réserves selon leurs besoins personnels puisque tout est mis en commun. Le système fonctionne parfaitement, les récoltes abondent au point qu'il faut continuellement agrandir les réserves et ralentir la production de certains objets. Zola explique que cela est possible grâce au travail quotidien de tout un chacun :

> *« Et nulle part on ne sentait mieux l'incalculable fortune dont un peuple était capable, lorsque disparaissaient les intermédiaires, les oisifs et les voleurs, tous ceux qui vivaient jadis du travail d'autrui, sans rien produire eux-mêmes. La nation entière au travail, avec sa tâche de quatre heures par jour, amoncelait une richesse si prodigieuse que chaque habitant regorgeait de tous les biens, satisfaisant tous les désirs, ignorant désormais de l'envie, de la haine et du crime*[72]. *»*

La coopération de tous à la réussite du système mène inévitablement à la disparition du commerce traditionnel et au développement des magasins généraux d'une part, à l'éviction du numéraire d'autre part, l'échange étant désormais fondé sur un système de troc qui se développe entre les petits ateliers et les artisans à domicile, des échanges de producteur à producteur qui peut-être amèneront les grands magasins sociaux à fermer dans une possible évolution du système, privilégiant ainsi la liberté individuelle. Ainsi chacun peut s'enrichir en échangeant ce qu'il produit avec le fruit du travail d'une autre personne car rien n'est détourné ou volé. Les prisons ne sont donc plus nécessaires et ferment puisqu'il n'y a plus personne à enfermer :

> *« Toute l'existence se simplifiait, on tendait à la*

---

[72]) Emile Zola, *Travail*, in *Les Quatre Evangiles*, op. cit. page 928

disparition complète du numéraire, à la fermeture des tribunaux et des prisons, les questions d'intérêt privé cessant de se produire, de jeter l'homme sur l'homme, dans une folie de fraude, de pillage et de meurtre. Pourquoi le crime désormais, puisqu'il n'y avait plus de pauvres, de déshérités...[73]. »

Plus de conflit d'intérêts, en effet, puisqu'il est commun à tous. Les hommes sont ainsi égaux dans la pauvreté comme dans la richesse, ils sont ainsi plus fraternels et plus soucieux des autres. Pour cela, et afin de ne pas réveiller l'instinct de propriété qu'entraîne la possession de numéraire, l'or et l'argent, qui sont devenus superflus, servent à fabriquer des parures dont tout le monde peut disposer :

> « *L'or, depuis la disparition lente de la monnaie, était réservé aux seuls bijoux, chaque fille à sa naissance trouvait ses colliers, ses bracelets, ses bagues, comme les gamins de jadis trouvaient des jouets. Cela n'avait plus de valeur, l'or devenait simplement de la beauté, de même que bientôt les fours électriques allaient produire les diamants et les pierres précieuses en une quantité incalculable, des sacs de rubis, d'émeraudes, de saphirs, de quoi couvrir toutes les femmes*[74]. »

Cependant, malgré les nombreux progrès constatés dans la cité, la situation des femmes évolue peu. En effet, même si les filles vont à l'école comme les garçons et apprennent un métier, la finalité de leurs études reste la même : en faire de bonnes maîtresses de maison :

> « *Quant à Josine [la femme de Luc, le fondateur], elle dirigeait l'atelier de couture et de ménage, elle faisait, de toutes les filles qui passaient par les*

---

[73]) Emile Zola, *Travail*, in *Les Quatre Evangiles, op. cit.*, page 918
[74]) idem, page 925

écoles, de bonnes épouses, de bonnes mères, capables de conduire une maison[75]. »

Même si les garçons apprennent également à coudre, à tisser et à tricoter, Zola ne nous dit pas des garçons qu'on leur enseigne à devenir de bons pères ou de bons maris. Peut-être cela est-il sous-entendu lorsqu'il explique que garçons et filles partagent "*les travaux et les plaisirs, les devoirs et les droits*[76]". Cependant le flou demeure quant au rôle de l'homme dans les tâches quotidiennes, même si l'union libre prônée par Zola semble mettre homme et femme sur un pied d'égalité, du moins en ce qui concerne le choix du conjoint :

> « *Et les couples avaient naturellement fleuri, le choix d'amour, l'union était devenue libre, aucune loi ne régissait plus le mariage, soumis au seul consentement mutuel. Un jeune homme, une jeune fille se connaissaient depuis l'école, avaient passé par les mêmes ateliers, et lorsqu'ils se donnaient l'un à l'autre, c'était simplement comme la floraison d'une longue intimité. Ils se donnaient pour la vie, les longues unions fidèles étaient le plus grand nombre, on vieillissait ensemble, après avoir grandi ensemble, dans le don délicieux de deux êtres de droits égaux, de tendresses égales. Cependant, la liberté restait entière, la séparation toujours possible pour ceux qui ne s'entendaient plus, et les enfants demeuraient à l'un ou à l'autre, à leur gré, ou bien à la commune, si des difficultés survenaient*[77]. »

L'éloge de l'union libre est un point important pour Zola. Il dénonce un sujet récurrent dans les œuvres littéraires,

---

[75]) Emile Zola, *Travail*, in *Les Quatre Evangiles, op. cit,* page 884

[76]) idem, 892

[77]) ibidem, page 958

celui du mariage forcé et de ses conséquences, que l'on retrouve par exemple dans Madame Bovary de Gustave Flaubert (qui vaudra à ce dernier un procès pour atteinte aux bonnes mœurs et à la religion). L'argent, bien souvent, prédominait sur le sentiment amoureux et nombreuses sont les jeunes filles à s'être mariées pour redorer le blason de la famille avec un vieillard décati ou un riche commerçant alcoolique.
Dans son roman, Zola montre que l'expansion humaine et spirituelle permet le développement social et culturel de la cité. Un peuple épanoui et libre de s'exprimer sans censure sur tous les sujets qu'il souhaite développe logiquement une culture supérieure à bien d'autres dans tous les domaines de l'esprit et de la matière. C'est pour Zola une conséquence inévitable. Cependant, trop de liberté peut conduire à bien des dérives et il n'y a que dans le cadre d'une œuvre utopique que l'on peut envisager que ce type de cité réussisse à perdurer, sauf si l'on trouve un jour le moyen pour l'homme de s'affranchir complètement de ses passions.

L'utopie peut donc être immorale dans la mesure où les mœurs qu'on y décrit marquent une révolte contre un état de choses existant. Comme la morale, l'utopie s'inscrit dans une époque, et l'évolution des mœurs modifie la perception du lecteur, comme nous avons pu le constater au fur et à mesure des exemples étudiés. Le changement concernant l'image de la femme le démontre : dans les utopies étudiées, le rôle essentiel de la femme est domestique et éducatif, ce qui ne choquait pas les lecteurs de ces textes alors que nous, public moderne, trouvons inconcevable que la femme ne soit pas considérée comme égale à l'homme.
Concevoir une utopie serait donc, si l'on en revient à la

citation d'Ernest Renan qui fut le départ de notre réflexion, un acte immoral puisqu'il induit une révolte contre un état de choses. Cette révolte est en effet notable chez Thomas More et Thomas Campanella, pour qui cette œuvre est un acte politique, une dénonciation d'un mal-être social et spirituel. Mais leur utopie est restée un projet, et n'a pu par conséquent causer de dégâts, si ce n'est dans l'esprit des personnes qui ont alors parcouru ces lignes. Certains ont tenté de concrétiser leurs utopies, comme Charles Fourier avec son Phalanstère en 1829 : en condamnant le mariage forcé, il prôna le mariage et l'union libres, ce qui conduisit à la polygamie et aux orgies organisées, pour finalement aboutir à un renouveau du céladisme. Parfois, la magnificence du projet cache des choses horribles : un exemple patent est le projet d'Hitler à la gloire de la nation allemande, projet qui s'étendait sur le plan architectural (reconstruction de Berlin à l'image de Paris et des monuments antiques, dirigée par Albert Speer) et sur le plan spirituel, comme nous l'apprennent les livres d'histoire. Ainsi ne peut-on qu'abonder dans le sens de Jacques Attali quand il écrit que "*l'Histoire moderne nous a montré que l'utopie est mère de toutes les dictatures*". Issue d'un esprit pervers, soutenue par les moyens nécessaires, l'utopie peut être aussi immorale dans sa théorie que dans sa pratique. Souhaitons qu'elle demeure donc l'arme des doux rêveurs lettrés afin de mieux les aider à vivre dans notre monde, et pour qu'ils puissent encore fournir à leurs lecteurs de quoi les réconforter et leur permettre d'espérer en un avenir meilleur puisque, comme l'écrivait Élisabeth Badinter, "*seule l'utopie du futur réconforte contre le pessimisme de l'Histoire*".

II De l'immoralité en droit du travail à l'aune des discriminations "positives" institutionnalisées

Francisco Mananga

"Discrimination positive", "distinctions sociales" ou "différences de traitement" en droit du travail… : peu importe l'appellation consacrée ; le principe demeure le même.

Mais de quoi parle-t-on au juste ? En quoi cette discrimination est-elle "positive" ? Quel est son impact dans une société qui se veut "Républicaine" ? Est-il *moralement* acceptable de faire référence à l'appellation de discrimination, "positive" soit-elle ? Ces nombreuses interrogations s'avèrent légitimes, lorsque l'on sait que les pouvoirs publics tendent à institutionnaliser ce concept sans pour autant le nommer ainsi ni en dessiner précisément les contours.

Évoquer la discrimination "positive" c'est déjà reconnaître l'existence de la discrimination - à part entière - dans une société donnée. Nul besoin de se voiler la face : la discrimination "positive" est une politique discriminatoire en soi, qui affecte un avantage social à une catégorie qui n'est pas jugée à parité, donc jugée défavorisée dans un domaine par les initiateurs et les partisans de ladite politique. N'y a-t-il pas là une certaine immoralité dans ce principe, ayant pour corollaire la discrimination « négative » envers les non-bénéficiaires de la discrimination dite "positive" ?

Toute différenciation ou toute différence de traitement n'est pas, à notre sens, synonyme de discrimination. Lorsque des dispositions légales et jurisprudentielles aussi bien en droit interne[1] qu'en droit international[2] prévoient des principes protecteurs à l'égard des salariés titulaires d'un mandat électif au sein de l'entreprise, personne ne s'émeut qu'il n'en soit pas de même pour l'ensemble du personnel. De même, lorsqu'une salariée bénéficie de congés de maternité[3] ou de dépistage gratuit du cancer du sein, personne ne retrouve à y redire du fait que les hommes ne peuvent bénéficier des dispositions analogues ; une réaction toute somme logique. Réserver des toilettes distinctes pour les *Colored people* et les *White people* est inadmissible, mais la même distinction pour les hommes et les femmes ne pose pas problème.

Le principe de discrimination "positive" trouve son origine aux États-Unis. Il a été élaboré dans un premier temps en faveur des descendants d'esclaves et ensuite étendu à tous les citoyens souffrant de discrimination du fait de leur sexe ou de leur origine ethnique. Le président américain John Fitzgerald Kennedy fut le premier à employer ce terme sous appellation de "*affirmative action*" ; l'idée

---

[1]) C. trav. art. L. 2411-1 à L. 2411-21 et R. 2411-1 à R. 2422-1 ; Loi n° 2008-789 du 20 août 2008 portant rénovation de la démocratie sociale, JO du 21 ; Circ. DGT 07/2012 du 30 juill. 2012 relative aux décisions administratives en matière de rupture ou de transfert du contrat de travail des salariés protégés ; Soc. 21 juin 1974, n° 71-91.225 ; CE, 5 mai 1976, n°s 98.647 et 98.820 ; CE, 18 fév. 1977, n° 95.354…

[2]) Convention n°135 de l'OIT relative aux représentants des travailleurs (art. 1er) ; Charte Sociale Européenne *(révisée)* du 3 mai 1996 (art. 28) ; CJUE, 11 févr. 2010, aff. C-405/08.

[3]) C. trav. art. L. 1225-17 et s.

étant de favoriser notamment la représentation des Noirs dans les emplois qualifiés, leur accession dans les Universités voire dans les médias. C'est ainsi que des emplois préférentiels ont été mis en place au profit des intéressés dès les années 1960 contribuant ainsi à l'émergence d'une classe moyenne afro-américaine, sans pour autant faire référence aux quotas. À propos, la Cour suprême américaine condamna ce principe en 2003, considérant cela comme contraire à l'égalité devant la loi et à la libre concurrence[4].

En Europe, ce principe de discrimination "positive" trouve ses adeptes en la personne des citoyens quelconques ou des Organisations non gouvernementales, qui œuvrent pour son extension sur le vieux Continent.

À la différence des États-Unis où l'"*affirmative action*" s'appuie explicitement sur les caractères personnels et indélébiles de l'individu (appartenance ethnique, raciale, communautaire, religieuse...), les Européens cherchent plutôt à favoriser toute personne subissant des différences de traitement dans le domaine de l'emploi et de la politique ou se trouvant dans une situation devant être qualifiée de "défavorisée" par rapport à l'ensemble de la population ou à une catégorie donnée.

En France, la discrimination "positive" est d'application indirecte et refuse explicitement toute référence à l'origine ethnique des individus. Elle se caractérise par l'introduction d'un dispositif impliquant des quotas ou faisant référence à l'âge, notamment dans le domaine du droit du travail. C'est le cas par exemple du dispositif

---

[4]) N. Bacharan, *Faut-il avoir peur de l'Amérique ?*, Paris, éd. du Seuil, 2005, p. 138.

résultant des lois du 10 juillet 1987[5] et du 11 février 2005[6], qui imposent à l'ensemble des employeurs privés et publics une obligation d'emploi des travailleurs handicapés à hauteur de 6 % de l'effectif de l'entreprise ou de l'Administration ; ou encore la loi du **31 mars 2006 pour l'égalité des chances**[7] ayant introduit le "contrat première embauche" pour les jeunes âgés de moins de 26 ans et la loi du 26 octobre 2012 relative aux emplois d'avenir[8]. Il en est de même dans d'autres domaines. On citera notamment :

- la directive "Chevènement" de 1990 - quoique mort-née - ayant pour objet de favoriser l'accès des jeunes Français d'origine maghrébine (JFOM) aux permis de conduire et aux grades supérieurs au détriment des non-JFOM ;
- le principe adopté en 2001 par l'Institut d'Études Politiques (IEP) de Paris qui consiste à mettre en place les Conventions éducation prioritaire (CEP) ; une procédure spéciale d'admission pour des lycéens venant d'une Zone d'éducation prioritaire (ZEP) leur dispensant de concours d'entrée, recrutés sur dossier et sur entretien ;
- le programme de l'École supérieure des sciences économiques et commerciales en 2002 intitulé "Une grande école, pourquoi pas moi ? ", qui

---

[5]) Loi n° 87-517 du 10 juillet 1987 en faveur de l'emploi des travailleurs handicapés, JO du 12.

[6]) Loi n° 2005-102 du 11 février 2005 pour l'égalité des droits et des chances, la participation et la citoyenneté des personnes handicapées, JO du 12.

[7]) **Loi** n° 2006-396 du 31 mars 2006 pour l'égalité des chances, JO du 2 avr.

[8]) Loi n° 2012-1189 du 26 oct. 2012 portant création des emplois d'avenir, JO du 27.

réserve une classe préparatoire aux études supérieures aux lycéens boursiers…

Au-delà de ce qui précède, on peut affirmer sans conteste que la loi sur la parité[9] - imposant aux partis politiques de proposer 50 % de candidates aux élections - est un acte fondateur de la discrimination "positive", car c'est le premier texte de loi qui, pour la 1re fois depuis Vichy, introduit du biologique dans le politique, fait dépendre les droits d'une personne de ses caractéristiques de naissance.

La discrimination "positive" à la "française" diffère de l'*affirmative action* dans la mesure où les critères de sélection des bénéficiaires sont essentiellement d'ordre socio-économique et qu'elle relève d'une *obligation de moyen* et non d'une *obligation de résultat* juridiquement répréhensible.

Malgré les différents dispositifs mis en place, la discrimination "positive" peine à émerger pleinement en France, comme l'illustre notamment la décision du Conseil constitutionnel censurant l'instauration de quotas par la loi du 30 mars 2006 pour l'égalité des chances[10].

Si la non-discrimination demeure indéniablement la règle notamment dans les relations de travail aussi bien en droit international qu'en droit interne (I), force est de reconnaître que les différences de traitement sont de plus en plus admises dans le domaine du droit du travail, tendant ainsi vers l'institutionnalisation du principe de

---

[9]) **Loi n° 2000-**493 du 6 juin 2000 tendant à favoriser l'égal accès des femmes et des hommes aux mandats électoraux et fonctions électives, JO du 7.

[10]) Loi n° 2006-396, JO du 2 avr., op. cit.

discrimination "positive" (II).

I. Non-discrimination : un principe généralisé et bien affirmé dans les relations de travail

Il est sans conteste que la discrimination porte atteinte à la notion même de droits humains. Elle empêche systématiquement certaines personnes ou catégories de personnes de jouir de l'ensemble de leurs droits fondamentaux, en raison de ce qu'elles sont, de ce qu'elles véhiculent voire de ce en quoi elles croient[11]. Cette discrimination persiste sous de nombreuses formes dans tous les pays du monde, qu'elle soit fondée sur la race, l'appartenance ethnique, la nationalité, le rang social, la religion, les convictions, le sexe, l'orientation sexuelle, l'identité de genre, l'âge, l'état de santé ou encore sur une combinaison de plusieurs de ces facteurs.

Toujours est-il que le droit international est fondé sur le principe de la non-discrimination (A) ; principe repris dans la législation interne (B) eu égard au respect du principe de hiérarchie des normes juridiques dès lors que la France est partie prenante du droit supranational.

A) La législation internationale aux prises avec le principe de non-discrimination

Le principe de non-discrimination est affirmé aussi bien par le droit extracommunautaire (1) que par le droit applicable au sein de l'Union européenne (2).

---

[11]) Sur le sujet, v. aussi O. De Schutter, *Discriminations et marché du travail : Liberté et égalité dans les rapports d'emploi,* P.I.E.-Peter Lang, Bruxelles 2001, pp. 63 et s.

1. En droit extracommunautaire

La non-discrimination est un principe universel dans la législation internationale des droits de l'Homme. Le principe existe dans tous les grands traités sur les droits de l'Homme et sert de thème central pour certaines conventions internationales. Tel est notamment le cas de la Convention de sauvegarde des Droits de l'Homme et des Libertés fondamentales[12], de la Convention relative aux droits des personnes handicapées[13], de la Convention internationale sur l'élimination de toutes les formes de discrimination raciale[14] et de la Convention sur l'élimination de toutes les formes de discrimination à l'égard des femmes[15].

Le principe de la non-discrimination en matière de droits de l'Homme et de libertés s'applique à toutes les personnes et interdit toute discrimination basée sur une liste non exhaustive et comprenant le sexe, la race, la couleur, la langue, la religion, les opinions politiques ou tout autre opinion, l'origine nationale ou sociale, l'appartenance à une minorité nationale, la fortune, la naissance ou toute autre situation. Ce principe s'accompagne du principe de l'égalité, qui figure dans l'article 1er de la Déclaration universelle des droits de l'homme : « Tous les êtres humains naissent libre et égaux en dignité et en droits[16] ».

---

12) Convention adoptée le 4 novembre 1950.

13) Convention de l'ONU adoptée le 13 décembre 2006.

14) Convention adoptée par l'Assemblée générale de l'ONU, dans sa résolution 2106 A(XX) du 21 décembre 1965 ; entrée en vigueur le 4 janvier 1969.

15) Convention adoptée le 18 décembre 1979 par l'Assemblée générale de l'ONU ; entrée en vigueur le 3 sept. 1981.

16) Déclaration universelle du 10 décembre 1948.

En droit du travail, le principe de non-discrimination est affirmé notamment par la Convention n° 111 de l'Organisation internationale du travail (OIT) concernant la discrimination (emploi et profession)[17].

Selon l'article 2 de cette convention, « tout Membre pour lequel la présente convention est en vigueur s'engage à formuler et à appliquer une politique nationale visant à promouvoir, par des méthodes adaptées aux circonstances et aux usages nationaux, l'égalité de chances et de traitement en matière d'emploi et de profession, afin d'éliminer toute discrimination en cette matière ».

C'est dire que le droit extracommunautaire contribue à l'affirmation du principe de non-discrimination, en particulier dans le domaine du droit du travail.

2. En droit communautaire

Le principe de la non-discrimination en droit communautaire vise - comme en droit extracommunautaire et en droit interne - à assurer l'égalité de traitement entre les individus quels que soient la nationalité, le sexe, la race ou l'origine ethnique, la religion ou les croyances, un handicap, l'âge ou l'orientation sexuelle.

L'interdiction de toute discrimination exercée en raison de la nationalité est inscrite à l'article 12 du traité instituant la

[17]) Convention adoptée le 25 juin 1958, entrée en vigueur le 15 juin 1960.

Communauté européenne. Un nouvel article 13 a été introduit par le traité d'Amsterdam[18] dans le traité CE afin de compléter la garantie de non-discrimination prévue dans divers traités communautaires et de l'étendre aux autres cas.

Durant l'année 2000, deux Directives ont été adoptées :

- la Directive sur l'égalité de traitement en matière d'emploi et de travail[19], qui a interdit toute discrimination fondée sur les convictions religieuses, le handicap, l'âge ou l'orientation sexuelle, dans le domaine de l'emploi ;
- la Directive sur l'égalité raciale[20], qui a interdit toute discrimination fondée sur la race ou l'origine ethnique dans le domaine de l'emploi, mais aussi en matière d'accès à la protection et à la sécurité sociales ainsi qu'aux biens et aux services.

Ces deux Directives ont marqué une étape cruciale dans l'élargissement du champ d'application du droit communautaire, en reconnaissant que, pour que les individus aient toutes leurs chances de trouver un emploi sur le marché du travail, il est essentiel de leur garantir l'égalité d'accès à des domaines tels que la santé, l'éducation et le logement. En 2004, la Directive sur l'égalité de traitement entre les femmes et les hommes

---

[18]) Traité du 2 octobre 1997, JOCE C 340/1, 10 nov. 1997.

[19]) Directive 2000/78/CE du 27 novembre 2000 portant création d'un cadre général en faveur de l'égalité de traitement en matière d'emploi et de travail, JOUE *n° L 303 du 02/12/2000, p. 16-22.*

[20]) Directive 2000/43/CE du 29 juin 2000 relative à la mise en œuvre du principe de l'égalité de traitement entre les personnes sans distinction de race ou d'origine ethnique, JOUE *n° L 180 du 19/07/2000, p. 22-26.*

dans l'accès aux biens et aux services[21] a étendu le champ d'application de l'interdiction de la discrimination fondée sur le sexe au domaine des biens et services. Néanmoins, la protection contre la discrimination fondée sur le sexe ne correspond pas exactement à la portée de la protection prévue par la Directive sur l'égalité raciale, dans la mesure où la Directive sur l'égalité de traitement entre hommes et femmes en matière de sécurité sociale garantit cette égalité uniquement et exclusivement en matière de sécurité sociale et ne l'étend pas au régime plus vaste de l'assistance sociale (qui inclut la protection sociale, l'accès aux soins, la santé et l'éducation).

À l'heure actuelle, l'orientation sexuelle, les convictions religieuses, le handicap et l'âge sont reconnus comme des motifs de discrimination prohibés uniquement en matière d'emploi et de travail. Cependant, une proposition de directive[22] est en cours d'examen au sein des institutions de l'Union européenne, en vue d'étendre la protection contre la discrimination fondée sur ces motifs dans d'autres domaines.

La directive **2000/78/CE du 27 novembre 2000** met en place un cadre général afin d'assurer le respect de l'égalité de traitement entre les personnes de l'Union européenne, quels que soient, leur religion ou leurs convictions, leur

[21]) Directive 2004/113/CE du 13 décembre 2004 mettant en œuvre le principe de l'égalité de traitement entre les femmes et les hommes dans l'accès à des biens et services et la fourniture de biens et services, JOUE *n° L 373 du 21/12/2004, p. 37-43.*

[22]) v. Conseil de l'Europe, *Manuel de droit européen en matière de non-discrimination*, 2011 ; Proposition de Directive du Conseil du 2 juillet 2008 relative à la mise en œuvre du principe de l'égalité de traitement entre les personnes sans distinction de religion ou de convictions, de handicap, d'âge ou d'orientation sexuelle.

handicap éventuel, leur âge ou leur orientation sexuelle, en matière d'accès à un emploi ou à une profession, de promotion, de formation professionnelle, de conditions d'emploi et de travail et d'affiliation à certains organismes. Cette directive proscrit toute discrimination directe ou indirecte fondée sur la religion ou les convictions, un handicap, l'âge ou l'orientation sexuelle en matière d'emploi et de protection sociale.

B) Une législation interne respectant le principe de hiérarchie des normes juridiques

Compte tenu du principe de hiérarchie des normes juridiques, le législateur français ne pouvait pas rester insensible au principe de non-discrimination (1) développé dans les textes supranationaux. En droit du travail, ce principe s'applique aussi bien lors de l'embauche (2) qu'au cours de l'exécution du contrat de travail (3).

1. Principe admis

Un comportement discriminatoire consiste à faire une distinction entre différentes personnes selon certains critères. Cette distinction est bien entendu prohibée en matière de protection sociale, de santé, d'avantages sociaux, d'éducation, d'accès aux biens et services ou de fourniture de biens et services.

Au regard des dispositions de la loi du 27 mai 2008[23], qui transpose en droit interne **diverses dispositions du droit**

---

[23]) Loi n° 2008-496 du 27 mai 2008 portant diverses dispositions d'adaptation au droit communautaire dans le domaine de la lutte contre les discriminations, art. 1er, JO du 28.

communautaire dans le domaine de la lutte contre les discriminations, constitue :

- une discrimination directe => la situation dans laquelle, sur le fondement de son appartenance ou de sa non-appartenance, vraie ou supposée, à une ethnie ou une race, sa religion, ses convictions, son âge, son handicap, son orientation sexuelle ou son sexe, une personne est traitée de manière moins favorable qu'une autre ne l'est, ne l'a été ou ne l'aura été dans une situation comparable.
- Une discrimination indirecte => une disposition, un critère ou une pratique neutre en apparence, mais susceptible d'entraîner, pour l'un des motifs mentionnés ci-dessus, un désavantage particulier pour des personnes par rapport à d'autres personnes, à moins que cette disposition, ce critère ou cette pratique ne soit objectivement justifié par un but légitime et que les moyens pour réaliser ce but ne soient nécessaires et appropriés. La Cour de cassation[24] a d'ailleurs relevé un cas de discrimination indirecte portant sur l'état de santé, dès lors que l'employeur avait prévu une procédure de « sensibilisation aux enjeux de la désorganisation de la production » lors de tous les retours d'absence, y compris après une maladie ou un accident du travail. Cette procédure prenait la forme d'un entretien avec le salarié au cours duquel était énoncée la liste des perturbations qu'il avait causées. Puis cet entretien donnait lieu à l'établissement d'un document signé par le fauteur de troubles.

---

[24]) Soc. 12 févr. 2013, n° 11-27689.

Toujours selon le texte, la discrimination inclut :

- tout agissement lié à l'un des motifs mentionnés ci-dessus et tout agissement à connotation sexuelle, subi par une personne et ayant pour objet ou pour effet de porter atteinte à sa dignité ou de créer un environnement hostile, dégradant, humiliant ou offensant ;
- le fait d'enjoindre à quiconque d'adopter un comportement discriminatoire.

Toute discrimination directe ou indirecte fondée sur les éléments exposés ci-dessus est interdite en matière d'affiliation et d'engagement dans une organisation syndicale ou professionnelle, y compris d'avantages procurés par elle, d'accès à l'emploi, d'emploi, de formation professionnelle et de travail, y compris de travail indépendant ou non-salarié, ainsi que de conditions de travail et de promotion professionnelle. Ce principe ne fait pas obstacle aux différences de traitement fondées sur les motifs visés ci-dessus lorsqu'elles répondent à une exigence professionnelle essentielle et déterminante et pour autant que l'objectif soit légitime et l'exigence proportionnée.

De même, toute discrimination directe ou indirecte est interdite en raison de la grossesse ou de la maternité, y compris du congé de maternité ; étant entendu que ce principe ne fait pas obstacle aux mesures prises en faveur des femmes pour ces mêmes motifs.

La loi du 6 août 2012[25], qui renforce ce principe, précise que constitue une discrimination toute distinction opérée

---

[25]) Loi n° 2012-954 du 6 août 2012 relative au harcèlement sexuel, JO du 7 ; codifiée sous art. 225-1 du code pénal.

entre les personnes physiques et/ou morales à raison de leur origine, de leur sexe, de leur situation de famille, de leur grossesse, de leur apparence physique, de leur patronyme, de leur état de santé, de leur handicap, de leurs caractéristiques génétiques, de leurs mœurs, de leur orientation ou identité sexuelle, de leur âge, de leurs opinions politiques, de leurs activités syndicales, de leur appartenance ou de leur non-appartenance, vraie ou supposée, à une ethnie, une nation, une race ou une religion déterminée.

La loi renforce également l'interdiction de toute discrimination touchant une personne qui, dans le cadre du travail, a subi ou refusé de subir un harcèlement sexuel ou moral[26]. C'est ainsi qu'aux termes de l'article 225-1-1 du Code pénal, constitue une discrimination toute distinction opérée entre les personnes parce qu'elles ont subi ou refusé de subir des faits de harcèlement sexuel tels que définis à l'article 222-33 ou témoigné de tels faits, y compris, dans le cas mentionné à cet article, si les propos ou comportements n'ont pas été répétés[27]. Cette interdiction vaut même si l'inégalité de traitement discriminante est favorable à la victime.

Notons que le harcèlement sexuel se caractérise par le fait d'imposer à une personne, de façon répétée, des propos ou comportements à connotation sexuelle qui portent atteinte à sa dignité en raison de leur caractère dégradant ou

---

[26]) C. trav. art. L. 1152-1 et s. ; L. 1153-1 et s.

[27]) Loi n° 2012-954 du 6 août 2012, op. cit. ; Circ. CRIM 2012-15/E8 du 7 août 2012 - Présentation des dispositions de droit pénal et de procédure pénale de la loi n° 2012-954 du 6 août 2012 ; Circ. DGT 2012/14 du 12 nov. 2012 relative au harcèlement et à l'application de la loi n° 2012-954 du 6 août 2012 relative au harcèlement sexuel.

humiliant, ou créent à son encontre une situation intimidante, hostile ou offensante. Quant au harcèlement moral, il se manifeste par des agissements répétés, qui ont pour effet une forte dégradation des conditions de travail du stagiaire, du salarié ou de l'agent public, qui porte atteinte à ses droits et à sa dignité, ou altère sa santé physique ou mentale, ou compromet son avenir professionnel. Aux termes de la loi du 6 août 2012, l'employeur doit :

- prendre toutes les dispositions nécessaires en vue de prévenir les agissements constitutifs de harcèlement sexuel et/ou moral ;
- afficher dans les lieux de travail ainsi que dans les locaux ou à la porte des locaux où se fait l'embauche le texte des articles 225-1 à 225-4 du Code pénal relatifs aux discriminations prohibées et aux sanctions encourues ;
- afficher dans les lieux de travail le texte de l'article 222-33-2 du Code pénal définissant le harcèlement moral et les sanctions y afférent et, dans les lieux de travail ainsi que dans les locaux ou à la porte des locaux où se fait l'embauche, le texte de l'article 222-33 du même code portant définition et sanctions du harcèlement sexuel.

Il est prévu que les personnes qui dénoncent ou qui luttent contre le harcèlement sexuel et/ou moral et de manière générale, contre toute forme de discrimination, sans les subir pour autant elles-mêmes, ne puissent faire l'objet de mesures disciplinaires ou défavorables[28].

---

[28]) C. trav. art. L. 1132-3.

2. La non-discrimination à l'embauche

Selon le droit interne, aucun candidat à l'embauche ne peut être écarté d'une procédure de recrutement pour les raisons évoquées ci-dessus. L'offre d'emploi par exemple ne peut faire référence à ces caractéristiques[29]. Cependant lorsque l'appartenance à l'un ou l'autre sexe est une exigence professionnelle, il est permis de procéder à la différence de traitement ; et le Code du travail définit les emplois et activités professionnelles dans lesquels ces différences sont autorisées[30] :

- les artistes appelés à interpréter un rôle féminin ou masculin ;
- les mannequins chargés de présenter des vêtements et accessoires ;
- les modèles masculins et féminins.

D'autre part, il est formellement interdit de publier une offre d'emploi indiquant une limite d'âge, sauf lorsque des dispositions légales fixent des conditions d'âge réservées à certains emplois[31]. L'employeur qui ne respecte pas cette disposition concernant les conditions de publication et de diffusion d'une offre d'emploi s'expose à une amende prévue pour les contraventions de 3e classe, soit 450 €[32]. Le refus d'embaucher, de subordonner une offre d'emploi, à l'encontre d'une personne physique ou morale, de façon discriminatoire, est puni de trois ans d'emprisonnement et de 45 000 € d'amende[33].

---

29) C. trav. art. L. 5321-2.
30) C. trav. art. R. 1142-1.
31) C. trav. art. L. 5331-2.
32) C. trav. art. R. 5334-1 ; C. pén. art. 131-13.
33) C. pén. art. 225-2.

3. La non-discrimination pendant l'exécution du contrat de travail

Les dispositions sur la discrimination au travail concernent l'ensemble des salariés de l'entreprise ainsi que les stagiaires. Elles les protègent contre les agissements de l'employeur mais également ceux d'autres salariés. Pour rappel, elles précisent aussi que les salariés, témoins ou ayant relaté des agissements discriminatoires, ne peuvent faire l'objet de sanctions[34].

L'employeur ne peut faire une distinction entre ses salariés sur des considérations autres que les exigences de l'emploi et les qualités professionnelles. Il lui est donc interdit de concevoir une sanction, un licenciement ou une mesure discriminatoire envers un salarié pour les mêmes raisons que celles énoncées à l'article L. 1132-1 du Code du travail. Les mesures discriminatoires envers le salarié concernent, par exemple, la rémunération, les mesures d'intéressement, de formation, de reclassement, d'affectation, de qualification, de classification, de promotion professionnelle, de mutation ou encore de renouvellement de contrat. C'est pour cela, à propos de renouvellement, que l'employeur doit solliciter l'autorisation de l'inspecteur du travail lorsqu'il ne peut renouveler le contrat à durée déterminée (CDD) d'un salarié protégé[35].

---

[34]) C. trav. art. L. 1132-3.

[35]) C. trav. art. L. 1237-15 ; art. R. 2421-1 et s. ; C. trav. art. L. 2412-1 à L. 2412-13 ; art. L. 2421-7 ; Circ. DGT 07/2012 du 30 juill. 2012 relative aux décisions administratives en matière de rupture ou de transfert du contrat de travail des salariés protégés, Fiche 13 ; Soc. 20 juin 2000, n° 97-41.363 ; Soc. 27 sept. 2007, n° 06-41.086 ; Soc. 23 oct. 2012, n° 11-19.210 ; Soc. 24 oct. 2012, n° 11-21.946…

Dans l'éventualité de l'exercice normal du droit de grève, le salarié ne peut être sanctionné, licencié ou faire l'objet de mesure discriminatoire[36]. Par ailleurs, la sanction, ayant une motivation discriminatoire, est prohibée ; de sorte que le salarié victime d'une telle sanction peut en demander l'annulation devant le Conseil de prud'hommes. Le licenciement du salarié est nul et de nul effet lorsqu'il fait suite à une action en justice engagée par celui-ci ou en sa faveur sur le fondement des dispositions concernant la discrimination au travail. La réintégration est de droit quand le licenciement est sans cause réelle et sérieuse[37]. La sanction ou le licenciement d'un salarié en méconnaissance des dispositions sur les discriminations est, lui aussi, nul[38]. Lorsque la personne reconnue fautive d'une discrimination sur un salarié se trouve être un autre salarié de l'entreprise, il incombe à l'employeur de prendre des dispositions qui s'imposent aux fins de faire cesser les agissements ainsi observés et au besoin, par une sanction disciplinaire.

Enfin, rappelons que selon les dispositions de l'article 225-2 du Code pénal, le fait de refuser d'embaucher, de sanctionner ou de licencier une personne de façon discriminatoire est puni de trois ans d'emprisonnement et de 45000 € d'amende. Il en est de même pour le fait de subordonner une offre d'emploi, une demande de stage ou une période de formation en entreprise à une condition fondée sur l'un des éléments visés à l'article 225-1 ou prévue à l'article 225-1-1 du Code pénal.

---

[36]) C. trav. art. L. 1132-2.
[37]) C. trav. art. L. 1134-4.
[38]) C. trav. art. L. 1132-4.

De manière générale, tout salarié, tout candidat à un emploi, à un stage ou à une période de formation en entreprise est protégé contre les discriminations au travail. Les salariés témoins ou ayant relaté des agissements discriminatoires ne peuvent pas non plus être sanctionnés, licenciés ou faire l'objet d'une mesure discriminatoire. En outre, aucune décision défavorable à une personne ne peut être fondée sur sa soumission ou son refus de se soumettre à une discrimination prohibée[39]. De même, aucun salarié ne peut être sanctionné, licencié ou faire l'objet d'une mesure discriminatoire mentionnée à l'article L. 1132-1 du Code du travail en raison de l'exercice des fonctions de juré ou de citoyen assesseur[40].

Quoi qu'il en soit, toute décision de l'employeur (embauche, promotion, sanctions, mutation, licenciement, formation...) doit être prise en fonction de critères professionnels et non sur des considérations d'ordre personnel, fondées sur des éléments extérieurs au travail (sexe, religion, apparence physique ou ethnique, race, religion, âge, handicap, nationalité, vie privée...). À défaut, des sanctions civiles et pénales sont encourues.

Toutes ces mesures, logiques au demeurant, contribuent sans conteste à la "moralisation" dans les relations professionnelles.

Le Conseil constitutionnel a à maintes reprises réaffirmé son refus de toute différenciation fondée sur des critères

---

39) Loi n° 2001-1066 du 16 novembre 2001 relative à la lutte contre les discriminations, JO du 17.

40) C. trav. art. L. 1132-3-1 ; Loi n° 2011-939 du 10 août 2011 sur la participation des citoyens au fonctionnement de la justice pénale et le jugement des mineurs, JO du 11.

prohibés par la Constitution. Certes, mais il a également noté que « le principe d'égalité ne s'oppose pas à ce que le législateur règle de façon différente des situations différentes, ni à ce qu'il déroge à l'égalité pour des raisons d'intérêt général, pourvu que, dans l'un et l'autre cas, la différence de traitement qui en résulte soit en rapport avec l'objet de la loi qui l'établit[41] ». Ce ne seraient pas là les prémisses d'une discrimination "positive" institutionnalisée ?

II. Discrimination « positive » : un concept en voie d'institutionnalisation

Pour une partie de l'opinion, une politique de discrimination "positive" est justifiée, car elle est à même d'égaliser la façon dont la légitimité d'un groupe ou d'un autre à occuper n'importe quel poste ou niveau social est perçue, et donc de mettre fin à long terme aux préjugés qui entretiennent l'exclusion sociale. Elle souligne que les socles législatifs sont un moyen, qu'ils sont donc éphémères et ne font pas partie des Lois de la société pouvant être considérées comme "idéales". D'autres contestent ces mesures, qu'ils jugent stigmatisantes envers les catégories qu'elles entendent promouvoir et donc inefficaces pour mettre fin aux préjugés, et discriminatoires envers le groupe considéré comme dominant et qui se retrouve défavorisé par les mesures de

[41]) Décision n° 81-129 DC, 30 et 31 oct. 1981, cons. 15, Rec. p. 35 ; Décision n° 81-132 DC, 16 janv. 1982, cons. 30, Rec. p. 18 ; Décision n° 85-189 DC, 17 juill. 1985, cons. 15, Rec. p. 49 ; Décision n° 86-217 DC, 18 sept. 1986, cons. 75, Rec. p. 141. Dans des termes légèrement différents : Décision n° 79-107 DC, 12 juill. 1979, cons. 4, Rec. p. 31 ; Décision n° 79-112 DC, 9 janv. 1980, cons. 3, Rec. p. 32 ; Décision n° 80-120 DC, 17 juill. 1980, cons. 3, Rec. p. 39 ; Décision n° 84-183 DC, 18 janv. 1985, cons. 5, Rec. p. 32.

discrimination "positive". À bien y réfléchir, on se pourrait même se demander s'il n'y aurait pas là une sorte d'immoralité dans les relations professionnelles !

Si certains y voient un exemple du "politiquement correct", le mot "discrimination" conserve cependant une connotation extrêmement négative. On trouve souvent l'expression "égalité des chances" pour désigner cette politique ; c'est le cas dans le titre de certaines lois[42]. D'autres personnes estiment qu'on devrait plutôt employer l'expression "action positive", traduction littérale de l'expression américaine "*affirmative action*" sous développée.

Rappelons que les dispositions visées ci-dessus, relatives à l'interdiction des discriminations, ne font pas obstacle aux différences de traitement, lorsqu'elles répondent à une exigence professionnelle essentielle et déterminante et pour autant que l'objectif soit légitime et l'exigence proportionnée[43]. Quelquefois en effet, les différences de traitement sont possibles dès lors qu'elles reposent sur une exigence professionnelle essentielle et déterminante. Ainsi, dans certains cas, les différences de traitement fondées sur l'âge ne sont pas constitutives de discrimination[44]. Des différences de traitement liées à l'âge sont admises si elles sont justifiées (politique d'emploi, protection de la santé et de la sécurité du salarié jeune ou moins jeune...).

---

[42]) Loi n° 2005-102 du 11 février 2005 pour l'*égalité des droits et des chances*, (…), *op. cit. ;* Loi n° 2006-396 du 31 mars 2006 pour l'*égalité des chances, op. cit.*

[43]) C. trav. art. L. 1133-1.

[44]) C. trav. art. L. 1133-2.

L'état de santé ou le handicap constaté par un médecin du travail, selon une inaptitude produisant des différences de traitement, ne crée pas non plus de discrimination dès lors qu'elles sont objectives, nécessaires, appropriées[45].

Effectivement dans le cadre du travail, des mesures discriminatoires peuvent être admises, si la situation l'exige, et en fonction de diverses catégories (A). Mais on peut légitimement s'interroger sur le sens "moral" de cette dérogation ou tolérance à la discrimination, dont les limites sont indéniables (B).

A) Catégories des « bénéficiaires » de la discrimination « positive »

Des différences de traitement voire des situations purement discriminatoires se sont développées dans la législation interne, autorisées ou tolérées par le Conseil constitutionnel comme indiqué ci-dessus. De manière générale, ces différences ou discriminations ont trait à l'âge des individus (1), à l'état de santé ou au handicap (2), à la situation socio-économique (3) voire au sexe (4).

1. Discriminations liées à l'âge

Les différences de traitement fondées sur l'âge ne constituent pas une discrimination lorsqu'elles sont objectivement et raisonnablement justifiées par un but légitime, notamment par le souci de préserver la santé ou la sécurité des travailleurs, de favoriser leur insertion professionnelle, d'assurer leur emploi, leur reclassement ou leur indemnisation en cas de perte d'emploi, et lorsque

45) C. trav. art. L. 1133-3 ; C. pén. art. 225-3.

les moyens de réaliser ce but sont nécessaires et appropriés. Donc au regard de la législation en vigueur, des discriminations (ou plutôt, pour employer un intitulé assez prudent : "différences de traitement") sont autorisées lorsqu'elles poursuivent un but de rééquilibrage social et que les moyens utilisés sont proportionnés et nécessaires. Tel est le cas notamment dans la fonction publique (a), des dispositifs mis en place en faveur des jeunes (b) et ceux réservés aux seniors (c).

a) L'exemple tiré de la fonction publique

Jusqu'à une date récente, il existait une différence d'âge indéniable au maintien dans l'activité professionnelle entre les agents de la fonction publique et les salariés du secteur privé.

Il ressort d'une jurisprudence administrative abondante[46] que cette **différence de limite d'âge entre le secteur public et le secteur privé** ne constitue pas une discrimination au sens de la directive 2000/78/CE du 27 novembre 2000. Par une décision en date du 21 septembre 2009 par exemple, le directeur de *l'École des hautes études en santé publique* (EHESP) a mis fin au contrat d'un agent non titulaire à la date de son 65e anniversaire par application des dispositions de l'article 20 de la loi du 8 août 1947[47] imposant la mise à la retraite d'office à l'âge

46) CAA Paris, 17 janv. 2012, n° 10PA01428.

47) Loi n° 47-1465 du 8 août 1947 relative à certaines dispositions d'ordre financier ; disposition abrogée par l'article 115 de la Loi n° 2012-347 du 12 mars 2012 relative à l'accès à l'emploi titulaire et à l'amélioration des conditions d'emploi des agents contractuels dans la

de 65 ans des agents publics contractuels. L'agent ainsi évincé a alors saisi le juge administratif d'une requête tendant à l'annulation de ladite décision, au motif que la mise à la retraite d'office à l'âge susmentionné dans le secteur public constituerait une **discrimination** au sens de la directive 2000/78 **au regard de la possibilité qu'ont les salariés de droit privé de continuer à travailler jusqu'à l'âge de 70 ans.** Le tribunal administratif de Rennes ayant rejeté sa demande[48], un appel était alors interjeté par le requérant devant la Cour administrative d'appel de Nantes[49] qui confirma le jugement de Rennes.

Cette décision offre un double intérêt : d'une part, elle rappelle les principes d'applicabilité directe d'une directive communautaire et, d'autre part, elle confirme, sur le fond, que la **différence existant entre le secteur public et le secteur privé s'agissant de la limite d'âge légal n'était pas discriminatoire** au sens de la directive communautaire 2000/78 : *« (...) La limite d'âge qui a été opposée au requérant met en œuvre, ainsi que le fait valoir l'EHESP, un objectif légitime qui est d'assurer le renouvellement des cadres, de manière nécessaire et proportionnée en permettant de travailler au-delà de l'âge légal d'admission à la retraite fixé pour ces cadres ; qu'il résulte de l'instruction que la différence de traitement entre les agents contractuels de droit public et les salariés de droit privé s'applique à des personnes qui se trouvent placées en des situations différentes ; que la limite d'âge en litige ne s'oppose pas, par elle-même, à ce que le requérant poursuive éventuellement son activité*

---

fonction publique, à la lutte contre les discriminations et portant diverses dispositions relatives à la fonction publique, JO du 13.

48) Trib. Admin. Rennes, 2 sept. 2010, jugement n°10-690.

49) CAA Nantes, 10 févr. 2012, n° 10NT02197.

professionnelle dans le secteur privé ; que, par suite, les décisions contestées doivent être regardées comme ne reposant pas sur des motifs entachés de discrimination ».

Pour rendre cette décision, notons que la Cour retient une argumentation assez intéressante en trois temps :

- **D'abord, elle** relève que « *la différence de traitement entre les agents contractuels de droit public et les salariés de droit privé s'applique à des personnes qui se trouvent placées en des situations différentes* ». Les juges d'appel entendent, en cela, qualifier la discrimination dont il pourrait être allégué l'existence, de discrimination dite « indirecte » au sens du b) du 2) de l'article 2 de la directive 2000/78 ;
- **Ensuite,** s'agissant d'une discrimination indirecte, la Cour contrôle l'existence ou non d'un « *objectif légitime* ». *Dans l'affaire, il est relevé l'existence d'un « objectif légitime qui est d'assurer le renouvellement des cadres* » ;
- Enfin, le juge opère un contrôle dit de proportionnalité entre l'objectif ainsi poursuivi et les moyens utilisés pour y parvenir. Il considère ainsi que l'**objectif de renouvellement des cadres** est poursuivi de manière « *nécessaire et proportionnée » dès lors que des possibilités de maintien en service au-delà de l'âge légal restent ouvertes (pour charge de famille, carrière incomplète, fonctionnaire de catégorie active...) ; la Cour précisant, par ailleurs, que « la limite d'âge en litige ne s'oppose pas (...) à ce que le requérant poursuive éventuellement son activité professionnelle dans le secteur privé* ».

Pour toutes ces raisons, la Cour rejette le moyen tenant à l'existence d'une discrimination secteur public/secteur privé ; rejoignant, ce faisant, la lecture qu'a pu en faire la Cour administrative d'appel de Paris, un mois plus tôt, dans une décision du 17 janvier 2012[50].

Toujours est-il que la **différence de traitement fondée sur l'âge [entre le secteur public et le secteur privé]** ne constitue pas une discrimination au sens de l'article 6 de la directive 2000/78/CE du 27 novembre 2000 si elle répond de manière appropriée et nécessaire à un objectif légitime[51] ; position déjà affirmée par plusieurs arrêts de la Cour de Justice de l'Union européenne[52]. Notons avec intérêt que la loi du 9 novembre 2010 portant réforme des retraites[53] prévoit dorénavant que la limite d'âge dans le secteur public est fixée à 67 ans ; dispositions applicables aux pensions prenant effet à compter du 1er juillet 2011.

b) Dispositifs en faveur des jeunes salariés

Les jeunes font partie de cette catégorie de personnes qui bénéficient le plus du principe de discrimination "positive".

On s'en souviendra du contrat première embauche[54] institué par l'article 8 de la loi d**u 31 mars 2006 pour**

[50]) CAA Paris, 17 janv. 2012, n° 10PA01428, *op. cit.*
[51]) CAA Nantes, 10 févr. 2012, *op. cit.*
[52]) CJUE, 22 nov. 2005, aff. C-144/04 ; 16 oct. 2007, aff. C-411/05 ; 12 oct. 2010, aff. C-45/09.
[53]) Loi n° 2010-1330 du 9 nov. 2010, JO du 10.
[54]) … dit « CPE »…

l'égalité des chances[55] pour les jeunes de moins de 26 ans. **Ce type de contrat, à durée indéterminée, a été retiré quelques jours après la promulgation de la loi suite à la pression d'une partie de l'opinion publique.** Ce texte a suscité une vive opposition parmi des étudiants et lycéens, suivi par les syndicats de salariés et certains partis politiques, voire une partie de patronat, estimant que le CPE aurait facilité les licenciements abusifs et surtout la précarité. En effet contrairement à ce qu'indique son appellation, un salarié aurait pu être sous le régime de ce contrat sans qu'il s'agisse pour autant de son premier emploi. À l'instar du contrat nouvelle embauche (CNE) institué par une ordonnance du 2 août 2005[56], le CPE était assorti d'une « période de consolidation » de deux ans durant laquelle l'employeur pouvait rompre le contrat de travail sans en donner le motif, succédant à une période d'essai équivalente à celle du CDI. Comme pour le CNE, si le salarié rompt le contrat durant la "période de consolidation", il est considéré comme démissionnaire et n'a pas droit au chômage. Le gouvernement "Villepin", qui annonça sa création au début de l'année 2006, prévoyait l'incitation à l'embauche des jeunes dont le taux de chômage (23 % pour les jeunes actifs) en cette année était supérieur au taux moyen de la population active (environ 9 %). Suite à cette pression d'opinion publique, l'article 8 de la loi du 31 mars 2006 a été abrogé par une loi du 21 avril 2006 sur l'accès des jeunes à la vie active en entreprise[57]. Le CPE a démontré les limites de la discrimination dite "positive" et par là même, l'immoralité du principe.

---

[55]) Loi n° 2006-396, JO du 2 avr., *op. cit.*

[56]) Ord. n° 2005-893 relative au contrat de travail "nouvelles embauches", JO du 3 août.

[57]) Loi n° 2006-457, JO du 22.

D'autres discriminations, plus subtiles, s'appliquent aux jeunes. Prenons l'exemple de l'indemnité de fin de contrat à durée déterminée. Cette indemnité concerne les salariés en contrat à durée déterminée dont la relation de travail ne se prolonge pas par un contrat à durée indéterminée. Ce complément de salaire, dont le taux est égal à 10% des sommes brutes perçues au cours du contrat, est voué à la précarité de leur situation. Le Code du travail prévoit le principe accordant le bénéfice de cette indemnité, mais il précise également les différents cas pour lesquels elle n'est pas due et parmi lesquels les jeunes pendant la période de leurs vacances scolaires ou universitaires[58]. Qu'est-ce qui justifierait cette différence de traitement, étant entendu que le jeune pendant ses vacances serait appelé à fournir la même qualité de travail qu'un salarié du droit commun et qu'à l'issue de ce travail il serait également en précarité au même titre que tous les salariés sous CDD classique ! Probablement, pour le législateur, la poursuite d'études supposerait l'absence de précarité dans l'emploi. On serait ici plutôt dans le cadre d'une discrimination "négative" et quelque peu "immorale", dès lors qu'il est de notoriété publique que certains étudiants vivent ou survivent en dessous du seuil de pauvreté.

Récemment les pouvoirs publics ont créé les emplois d'avenir[59] ayant pour objet de « *faciliter l'insertion professionnelle et l'accès à la qualification des jeunes sans-emploi âgés de 16 à 25 ans au moment de la signature du contrat de travail soit sans qualification, soit*

---

[58]) C. trav. art. L. 1243-10 ; Circ. DRT n° 92-14 du 29 août 1992 - application du régime juridique du contrat de travail à durée déterminée et du travail temporaire, BO/TR 92/21.

[59]) Loi n° 2012-1189 du 26 octobre 2012 portant création des emplois d'avenir, JO du 27 ; C. trav. art. L. 5134-110.

peu qualifiés et rencontrant des difficultés particulières d'accès à l'emploi, par leur recrutement dans des activités présentant un caractère d'utilité sociale ou environnementale ou ayant un fort potentiel de création d'emplois. Les bénéficiaires de la reconnaissance de la qualité de travailleur handicapé et remplissant ces mêmes conditions peuvent accéder à un emploi d'avenir lorsqu'ils sont âgés de moins de 30 ans ». La loi ajoute que ces emplois sont « *destinés en priorité aux jeunes qui résident soit dans les zones urbaines sensibles ou les zones de revitalisation rurale, soit dans les départements d'outre-mer, à Saint-Barthélemy, à Saint-Martin ou à Saint-Pierre-et-Miquelon, soit dans les territoires dans lesquels les jeunes connaissent des difficultés particulières d'accès à l'emploi* ». Si le principe même semble "louable", la méthode interroge : alors que l'un des principes généraux du droit suppose que l'employeur n'a pas à s'immiscer dans la vie privée des salariés, la loi portant création d'emplois d'avenir l'autorise à se préoccuper des lieux de domicile des jeunes avant de les embaucher. (Im)moralité ?!

Bien entendu, il y a lieu de reconnaître volontiers le fait que certaines mesures en faveur des jeunes ont pour objet de les protéger. On citera[60] :

- l'interdiction de l'accès à l'emploi ou la mise en place de conditions de travail spéciales en vue d'assurer la protection des jeunes et des travailleurs âgés ;
- la fixation d'un âge maximum pour le recrutement, fondée sur la formation requise pour le poste

[60]) C. trav. art. D. 4153-20 et s.

concerné ou la nécessité d'une période d'emploi raisonnable avant la retraite ;
- la liste des travaux interdits aux salariés de moins de 18 ans, en raison du danger qu'ils présentent…

c) Dispositifs en faveur des salariés âgés

Au cours des dernières années, les clauses de cessation automatique des contrats de travail en raison du fait que le salarié a atteint l'âge maximal prévu pour l'exercice de son emploi ont été l'objet d'une attention grandissante dans la jurisprudence tant interne que de la Cour de justice de l'Union européenne (CJUE). Par exemple dans deux arrêts respectivement du 12 janvier 2010[61] et du 12 octobre 2010[62] ayant trait au système de droit allemand fixant à 68 ans l'âge maximal pour l'exercice de la profession de dentiste conventionné, d'une part, et à 65 ans l'âge maximal pour des emplois dans le secteur de nettoyage industriel, d'autre part, la CJUE a interprété la directive 2000/78 qui prohibe la discrimination fondée sur l'âge. À ces occasions, elle a établi le principe selon lequel des mesures nationales limitant en temps l'exercice d'une profession sont conformes aux exigences de ladite directive, pour autant qu'elles poursuivent un objectif légitime d'une manière appropriée et nécessaire.

Par la demande de décision préjudicielle qu'elle a déféré dans l'affaire *Prigge*[63], la juridiction allemande vise à obtenir des éléments lui permettant d'établir par exemple si une convention collective prévoyant la "retraite forcée"

[61]) CJCE, aff. *Petersen,* C-341/08.
[62]) CJUE, aff. *Rosenbladt*, C-45/09.
[63]) CJUE, 13 septembre 2011, aff. C-447/09.

à 60 ans des pilotes de la compagnie aérienne Deutsche Lufthansa est constitutive d'une discrimination prohibée par la directive 2000/78. La particularité du cas d'espèce tient dans la circonstance qu'en vertu de la réglementation internationale applicable, l'exercice de la profession dont il s'agit est soumis à une limite d'âge plus élevée, à savoir 65 ans. Conformément à la même réglementation internationale, un titulaire d'une licence de pilote âgé de 60 à 64 ans jouit encore du droit d'exercer sa profession au bord d'un avion de transport commercial, à la condition qu'il déploie son activité dans le cadre d'un équipage composé de plusieurs pilotes, et que les autres pilotes soient âgés de moins de 60 ans. S'agissant du droit allemand, la juridiction nationale met en évidence que même si les conditions relatives à l'âge des pilotes prévues par le règlement national en matière aérienne sont calquées sur celles de la réglementation internationale, la clause litigieuse contenue dans la convention collective serait valide au regard de la loi allemande sur le travail à temps partiel, laquelle préserve la possibilité de limiter la durée d'un contrat de travail pour une raison objective. Or, en l'espèce, l'objectif de la limitation à 60 ans de l'âge des pilotes de Deutsche Lufthansa est de garantir la sécurité du trafic aérien.

Dans cet arrêt du 13 septembre 2011, la CJUE recherche avant tout si la clause de la convention collective précitée est constitutive d'une discrimination fondée sur l'âge, au sens de la directive 2000/78, d'une part, et si le droit à la négociation collective inscrit à l'article 28 de la charte des droits fondamentaux de l'Union européenne est susceptible d'exclure une telle clause du champ d'application de la directive, d'autre part.

Sur le premier point, la Cour prend en considération l'article 3, § 1, sous c), de la directive, aux termes de laquelle celle-ci s'applique à toutes les personnes relevant tant du secteur public que du secteur privé en ce qui concerne les conditions d'emploi et de travail, y compris les conditions de licenciement. En prévoyant la cessation de plein droit des contrats des pilotes de la société Deutsche Lufthansa, lorsqu'ils atteignent l'âge de 60 ans, une telle clause est susceptible de créer une différence de traitement entre ces derniers et les pilotes moins âgés occupés dans la même compagnie aérienne. Pour cette raison, elle est contraire aux dispositions des articles 1 et 2, § 2, sous a), de la directive.

Sur le second point, la CJUE constate qu'à la lumière des principes affirmés dans les arrêts du 11 décembre 2007[64] et du 18 décembre 2007[65], les partenaires sociaux ne peuvent plus, une fois qu'ils adoptent par le biais d'une convention collective une mesure couverte par la directive 2000/78, agir dans le mépris de cette directive. À l'instar des dispositions législatives, réglementaires ou administratives, les conventions collectives sont soumises au respect du principe de non-discrimination en fonction de l'âge mis en œuvre par l'article 2, § 1, de la directive et l'article 21 de la charte des droits fondamentaux.

En même temps, les articles 2, § 5 ; 4, § 1 et 6, § 1 de la directive 2000/78 prévoient des dérogations au principe de non-discrimination fondée sur la nécessité de protéger un *objectif légitime*. En analysant ces articles, la Cour s'attache à souligner la portée limitée des dérogations y prévues. Contrairement à ce qui était soutenu par les

---

[64]) CJUE, aff. C-438/05.
[65]) CJUE, aff. C-341/05.

partenaires sociaux et le gouvernement allemand, elle estime d'abord que la mesure prévue dans la convention collective ne saurait être considérée nécessaire à la réalisation d'un objectif tenant à la sécurité aérienne ou à la santé, au titre des articles 2, § 5 et 4, § 1, de la directive. À cet égard, la CJUE met en exergue que la réglementation internationale et les règles nationales appliquées aux pilotes des autres compagnies aériennes sont plus favorables quant à l'âge maximal appliqué à l'exercice de la profession concernée. De plus, l'article 6, § 1, de la directive vise parmi les situations de nature à justifier qu'il soit dérogé au principe de non-discrimination des objectifs relevant de la politique sociale, à l'exclusion des ceux se rattachant à la sécurité aérienne. Par conséquent, la clause discriminatoire contenue dans la convention collective ne saurait être considérée comme légitime sur le fondement de l'une des dérogations prévues par la directive 2000/78. Concrètement, une telle clause est considérée comme discriminatoire tout simplement, au sens propre du terme.

Avec cet arrêt, la Cour met en place un contrôle strict à la cessation des relations de travail pour un motif lié à l'âge des salariés. L'assimilation des conventions collectives aux dispositions législatives, réglementaires ou administratives des États membres consolide la jurisprudence développée depuis l'arrêt du 12 octobre 2010[66], qui a élargi considérablement le champ d'application de la directive 2000/78. On pourrait regretter que la CJUE, à l'appui de sa conclusion tenant à l'absence du caractère nécessaire de la mesure litigieuse, se borne à souligner la limite supérieure d'âge imposée au niveau

[66]) CJUE, aff. C-45/09.

international pour l'exercice de la profession de pilote, sans étayer son point de vue par d'autres arguments.

Notons enfin qu'en droit interne dans un arrêt du 11 mai 2010[67], la Cour de cassation avait admis le recours d'un commandant de bord dirigé contre un arrêt de la Cour d'appel rejetant la demande de celui-ci de paiement de dommages-intérêts, suite à son licenciement au motif qu'il avait atteint l'âge de 60 ans. Dans son arrêt, la Cour de cassation a renvoyé l'affaire à la Cour d'appel, pour que celle-ci contrôle la compatibilité de la mesure de licenciement avec l'article 6, § 1, de la directive 2000/78 précitée.

D'autres dispositions du droit interne prônent la discrimination "positive" en faveur des seniors, sans pour autant en employer la terminologie consacrée. Tel est le cas des dispositions de la loi de financement de la sécurité sociale pour 2009[68]. Selon cette loi, toutes les entreprises (publics et privés) employant au moins 50 salariés ou appartenant à un groupe au sens de l'article L. 2331-1 du même code dont l'effectif comprend au moins 50 salariés

---

67) Soc. 11 mai 2010, n° 08-45307.

68) Loi n° 2008-1330 du 17 déc. 2008, JO du 18, art. 87 ; v. aussi Décret n° 2009-560 du 20 mai 2009 relatif au contenu et à la validation des accords et des plans d'actions en faveur de l'emploi des salariés âgés, JO du 21 ; Décret n° 2009-564 du 20 mai 2009 relatif au décompte des effectifs prévu à l'article L. 138-28 du code de la sécurité sociale pour les accords et plans d'action en faveur de l'emploi des salariés âgés, JO du 21 ; Cir. DGEFP-DGT-DSS du 9 juil. 2009 relative aux accords et plans d'actions en faveur des salariés âgés ; Circ. Intermin. n° DSS/5B/5C/2009/374 du 14 déc. 2009 relative à la mise en œuvre de la pénalité prévue à l'article L. 138-24 du CSS dont sont redevables les entreprises employant au moins 50 salariés...

sont soumises à une pénalité à la charge de l'employeur lorsqu'elles ne sont pas couvertes par un accord ou un plan d'action relatif à l'emploi des salariés âgés.

Favoriser une gestion active des âges par des actions innovantes dans les entreprises et les branches *via* la conclusion d'accords en faveur du maintien dans l'emploi ou de recrutement des salariés âgés, tel est l'objet de la loi.

2. Discrimination par état de santé ou le handicap

Le principe demeure le même : les différences de traitement fondées sur l'inaptitude constatée par le médecin du travail en raison de l'état de santé ou du handicap du salarié ne constituent pas une discrimination lorsqu'elles sont objectives, nécessaires et appropriées.

Par ailleurs, afin de garantir le respect du principe d'égalité de traitement à l'égard des travailleurs handicapés, les employeurs doivent prendre, en fonction des besoins dans une situation concrète, les "mesures appropriées" pour permettre aux intéressés d'accéder ou de conserver un emploi correspondant à leur qualification, de l'exercer ou d'y progresser ou pour qu'une formation adaptée à leurs besoins leur soit dispensée, sous réserve que les charges consécutives à la mise en œuvre de ces mesures ne soient pas disproportionnées, compte tenu des aides qui peuvent compenser en tout ou partie les dépenses supportées à ce titre par l'employeur[69]. Ces "mesures appropriées", prises au profit des seules personnes

---

[69]) v. F. Mananga, « De la souffrance au travail en cas de handicap », in *Souffrance au travail dans les grandes entreprises,* [Dir. J. Delga], éd. Eska, 2010, p. 159 et s.

handicapées et visant à favoriser l'égalité de traitement, ne constituent pas une discrimination : c'est au contraire le refus par l'employeur de les prendre en compte qui serait constitutif d'une telle discrimination.

Pour rappel, l'obligation d'emploi des personnes porteuses d'un handicap a été introduite par une loi de 1924. La loi du 23 novembre 1957[70] renforce cette obligation en ce qui concerne le reclassement des travailleurs handicapés, en proclamant que *« toute personne dont les possibilités d'obtenir ou de conserver un emploi sont effectivement réduites par suite d'une insuffisance ou d'une diminution de ses capacités physiques ou mentales est considérée comme travailleur handicapé ».* Toute personne qui répond à cette définition doit s'adresser à la commission technique d'orientation et de reclassement professionnel (Cotorep) de son département de résidence qui se prononcera sur la reconnaissance de sa qualité de travailleur handicapé, sur son reclassement dans l'une des trois catégories correspondant à la gravité de son handicap[71] et sur son orientation.

Compte tenu du fait que la loi du 23 novembre 1957 est restée parfaitement théorique, pour la première fois une nouvelle loi du 10 juillet 1987[72] représentait une certaine volonté politique de faire accéder les travailleurs handicapés au travail en milieu ordinaire. Cette loi, qui imposa à toute entreprise de 20 salariés ou plus d'employer au moins 6 % de travailleurs handicapés, a été modifiée par celle du 11 février 2005 pour l'égalité des droits et des

70) Loi n°57-1223 du 23 nov. 1957 sur le reclassement des travailleurs handicapés, JO du 24.

71) A : handicap léger ; B : handicap modéré ; C : handicap grave.

72) Loi n° 87-517 du 10 juillet 1987 op. cit.

chances, la participation et la citoyenneté des personnes handicapées[73] à partir de 2006.

La loi du 10 juillet 1987 faisait obligation aux établissements de 20 salariés et plus du secteur concurrentiel d'employer des travailleurs handicapés dans la proportion de 6 % de leurs effectifs. Pour s'acquitter de cette obligation, ils disposaient de plusieurs modalités. Ils pouvaient employer directement des personnes handicapées ou en employer indirectement, par le biais de la passation de contrats de sous-traitance avec des ateliers protégés (devenus en 2006 des entreprises adaptées), des centres de distribution de travail à domicile ou des centres d'aide par le travail (devenus des établissements ou services d'aide par le travail[74]). Une troisième modalité consistait à accueillir des personnes handicapées bénéficiaires d'un stage au titre de la formation professionnelle. Pour les employeurs préférant s'organiser progressivement pour atteindre leur quota, il était possible d'appliquer un accord d'établissement, d'entreprise ou de branche prévoyant un programme annuel ou pluriannuel d'insertion professionnelle de travailleurs handicapés. Avec la loi de 1987, les établissements qui ne remplissaient pas leur quota d'emploi de travailleurs handicapés devaient pour la première fois s'acquitter de cette obligation en versant une contribution financière à l'Association de la Gestion du Fonds pour l'Insertion des travailleurs handicapés (Agefiph). La nouvelle loi du 11 février 2005 reprend les mêmes modalités mais change radicalement le mode de calcul dans le but d'inciter les

---

[73]) Loi n° 2005-102 du 11 février 2005 op. cit.

[74]) A propos, v. F. Mananga, « Le statut du travailleur handicapé mental en ESAT et l'application du droit du travail », Revue du Droit du Travail, Févr. 2008, p. 89 et s.

établissements à privilégier l'emploi de personnes handicapées. Notons que cette loi impose les mêmes obligations au secteur public, en créant notamment le Fonds pour l'Insertion des Personnes Handicapées dans la Fonction Publique (FIPHFP) ; l'équivalent de l'Agefiph dans ce secteur.

Il est indéniable que la création de quotas à l'embauche permet à cette catégorie de personnes à se créer une place sur le marché du travail. De plus, elle permet de lutter contre la théorie qui veut que les capacités dans le travail soient liées au groupe d'appartenance. Elle permet aussi d'assurer une certaine visibilité à ces groupes et peut-être de contribuer à l'évolution des mentalités. Toujours est-il qu'il s'agit là d'une discrimination "positive", et on peut s'interroger sur la moralité d'une telle disposition dans une société qui se veut démocratique, ouverte et progressiste.

3. Discriminations liées à la situation socio-économique des personnes

Les pouvoirs publics mettent régulièrement en place des dispositifs permettant à des personnes se trouvant en difficultés socio-économiques d'intégrer ou réintégrer le monde du travail. Tel est le cas du principe du contrat unique d'insertion (CUI), décliné en contrat d'accompagnement dans l'emploi (CUI-CAE) dans le secteur non marchand et du contrat initiative-emploi (CUI-CIE) dans le secteur marchand[75].

---

[75]) C. trav. art. L. 5134-19 à L. 5134-19-5 ; art. L. 5522-2 à L. 5522-2-3 et R. 5134-14 à R. 5134-24 ; Décr. n° 2010-1729 du 30 déc. 2010, JO du 31 ; Arrêtés du 4 janv. 2010, JO du 15 ; Circ. DGEFP n° 2009-42 du 5 nov. 2009 relative à l'entrée en vigueur du contrat unique d'insertion au 1er janvier 2010.

Conclu à durée déterminée ou indéterminée, le CUI a pour objet de faciliter l'insertion professionnelle des personnes sans emploi rencontrant des difficultés sociales et professionnelles particulières d'accès à l'emploi. À cette fin, il comporte des actions d'accompagnement professionnel. Il peut, afin de développer l'expérience et les compétences du salarié, prévoir par exemple une période d'immersion auprès d'un autre employeur.

Le titulaire d'un CUI est un salarié à part entière ; il bénéficie de toutes les dispositions légales et conventionnelles attachées à ce statut. Il perçoit un salaire au moins égal au SMIC par le nombre d'heures de travail accomplies. En contrepartie de cette embauche, l'employeur bénéficie des exonérations des charges sociales et/ou des aides à l'insertion professionnelle modulées en fonction de la catégorie et du secteur d'activité de l'employeur, des actions prévues en matière d'accompagnement professionnel et des actions visant à favoriser l'insertion durable du salarié, des conditions économiques locales et des difficultés d'accès à l'emploi antérieurement rencontrées par le salarié[76].

À l'instar des autres discriminations "positives", celle rattachée aux bénéficiaires du CUI semble peu marquante puisque ces contrats sont généralement à durée déterminée, visent essentiellement des emplois peu ou pas qualifiés, souvent à temps partiel et indéniablement mal rémunérés.

---

[76]) Circ. DGEFP n° 2012-10 du 28 juin 2012 relative à la programmation des contrats aidés au 2e semestre 2012.

4. Discriminations par le sexe

En matière d'embauche, lorsque l'appartenance à l'un ou l'autre sexe détermine l'exercice d'un emploi ou d'une activité professionnelle, l'offre peut être expressément réservée à une femme ou à un homme.

Mais d'une façon générale, aucune offre d'emploi ne peut comporter de référence à l'une des caractéristiques mentionnées à l'article L. 1132-1 du Code du travail, dont le sexe. Nul ne peut mentionner ou faire mentionner dans une offre d'emploi le sexe ou la situation de famille du candidat recherché. Cette interdiction est applicable pour toute forme de publicité relative à une embauche et quels que soient les caractères du contrat de travail envisagé. L'offre doit donc être rédigée de façon à faire apparaître clairement qu'elle s'adresse indifféremment aux hommes et aux femmes. Toutefois, lorsque l'appartenance à l'un ou l'autre sexe répond à une exigence professionnelle essentielle, déterminante, pour autant que l'objectif soit légitime et l'exigence proportionnée, l'interdiction visée ci-dessus n'est pas applicable. Tel est le cas, rappelons-le, des artistes appelés à interpréter soit un rôle féminin, soit un rôle masculin ; de mannequins chargés de présenter des vêtements et accessoires ; ainsi que des modèles masculins et féminins[77].

Si ces formes de discriminations ou plutôt, de différences de traitement, se justifient aisément et relèvent du bon sens, dès lors qu'il est admis que dans certains aspects humains un homme ne peut remplacer une femme et inversement, le sens d'autres types de discriminations

---

[77]) C. trav. art. R. 1142-1.

"positives" par le sexe interroge. C'est le cas par exemple de l'obligation tirée de la loi du 27 janvier 2011 imposant la représentation des femmes dans les conseils d'administration et de surveillance de certaines entreprises[78]. Elle a pour but d'imposer un quota de 40% de femmes dans les conseils d'administration des sociétés cotées ainsi que dans celles disposant d'un conseil de surveillance. Cette discrimination "positive" s'applique :

- aussi bien aux sociétés cotées sur un marché réglementé : au moins 20% de femmes au conseil d'administration ou de surveillance à partir de 2014 puis au moins 40% de femmes à partir de 2017 ;
- qu'aux sociétés non cotées ayant plus de 500 salariés et dont le chiffre d'affaires net ou le total du bilan dépasse 50 millions d'euros, et ce durant 3 exercices consécutifs : au moins 40% de femmes au conseil d'administration ou de surveillance à partir de 2017.

Si un tel principe mérite d'exister eu égard à l'évolution de la société et à la place à réserver aux femmes, la législation contribue à recourir à la gent féminine non pas nécessairement par compétence ou talent, mais par la peur du gendarme, compte tenu du fait que la loi prévoit des sanctions à l'égard des entreprises ne remplissant pas les conditions ainsi imposées. Cette réflexion est à transposer également à la situation des personnes bénéficiant de différences de traitement fondées sur l'état de santé ou le handicap ; d'où le sentiment d'immoralité dans les relations professionnelles.

---

[78]) **Loi** n° 2011-103 du 27 janv. 2011 relative à la représentation équilibrée des femmes et des hommes au sein des conseils d'administration et de surveillance et à l'égalité professionnelle, JO du 28.

B) Impact, enjeux et limites de la discrimination positive à l'égard de la société et des bénéficiaires

Des différences de traitements peuvent s'avérer nécessaires en fonction de situations ou de personnes, tendant ainsi à justifier la discrimination "positive". Toutefois, force est de reconnaître que cette discrimination présente quelques limites (1), qu'elle soulève diverses interrogations et comporte des enjeux (2) non négligeables.

1. Limites

La discrimination "positive", aussi politiquement correcte soit-elle, présente des limites indéniables au-delà du fait que ce principe peut soulever des interrogations patentes.

L'un des exemples de ces limites nous est donné par le droit des assurances. Le principe fondateur de l'assurance en France notamment consiste à analyser l'historique des dépenses par catégories de population pour en déduire les risques associés. Plus le passif d'une catégorie a été coûteux pour l'assureur, plus le tarif proposé sera élevé. L'analyse de cet historique a démontré depuis des années que les femmes sont moins accidentogènes au volant que les hommes. Il s'ensuit que les tarifs de contrats diffèrent entre hommes et femmes, en faveur de ces dernières. Concrètement, les contrats des hommes sont plus onéreux que ceux des femmes.

Dans un arrêt du 1er mars 2011[79], la CJUE considère que la directive 2004/113/CE du 13 décembre 2004[80] interdit toute discrimination fondée sur le sexe dans l'accès à des biens et services et dans la fourniture de biens et services. Selon ce texte, le genre ne peut à lui seul expliquer une différence de traitement entre l'homme et la femme. Jusqu'à présent les assureurs bénéficiaient d'une dérogation à cette directive[81]. Les États membres pouvaient ainsi ne pas s'y conformer « *lorsque le sexe est un facteur déterminant dans l'évaluation des risques et que de telles différences peuvent être fondées sur des données actuarielles et statistiques pertinentes et précises* ». Or c'est exactement ce qui se passe dans le domaine des assurances, notamment automobiles : parce que les statistiques prouvent qu'elles ont moins d'accidents que les hommes, les conductrices paient généralement moins cher leurs assurances que les conducteurs. Une différence de tarifs qui peut atteindre des niveaux très élevés ; un jeune homme acquittait jusqu'ici en moyenne une prime supérieure de 50% à 100% à celle payée par une jeune femme.

Pour éviter que la dérogation soit *« indéfiniment permise »* et qu'elle se substitue au principe ainsi posé, la Cour l'a déclarée invalide à compter du 21 décembre 2012 puisqu'elle ne respectait pas le principe d'égalité de traitement imposé par les articles 21 et 23 de la Charte des droits fondamentaux ; texte ayant la même valeur que les

---

79) CJUE, 1er mars 2011, Aff. C-236/09.

80) Dir. 2004/113/CE du 13 déc. 2004 mettant en œuvre le principe de l'égalité de traitement entre les femmes et les hommes dans l'accès à des biens et services et la fourniture de biens et services, JOUE n° L 373, 21 déc. 2004.

81 Art. 5 § 2.

traités CE depuis l'entrée en vigueur du traité de Lisbonne[82] le 1er décembre 2009. À partir de cette date *« la règle des primes et des prestations unisexe s'appliquera »*, décident les juges communautaires.

Au-delà du fait que cette décision pourrait remettre en cause tout le modèle économique des assurances, elle revient sur une tradition s'apparentant à la discrimination « positive » en faveur des femmes. Conséquence apparente : les femmes seraient pénalisées par rapport aux hommes ; d'où les limites de cette discrimination qui se veut "positive".

2. Interrogations et enjeux

Comme il vient d'être démontré, la discrimination "positive" peut être un moyen permettant à une catégorie d'individus de bénéficier des avantages au détriment d'une autre et ce, dans des buts bien précis et nobles de manière générale : recherche d'égalité des sexes, accès à l'emploi, à la santé…

En y regardant de près, la discrimination "positive" viole le sacro-saint principe de l'égalité des droits ; un principe auquel les pouvoirs publics portent régulièrement atteinte (légitime, paraît-il !). En effet selon les dispositions de la Déclaration des droits de l'homme et du citoyen[83], « les hommes naissent et demeurent libres et égaux en droits. Les distinctions sociales ne peuvent être fondées que sur l'utilité commune[84] ». De même, il est indiqué que « la loi est l'expression de la volonté générale. *Elle doit être la*

[82]) Traité du 13 décembre 2007.
[83]) DDHC du 26 août 1789.
[84]) Art. 1er.

même pour tous soit qu'elle protège soit qu'elle punisse. Tous les citoyens étant égaux à ses yeux sont également admissibles à toutes dignités, toutes places et tous emplois publics selon leurs capacités *et sans autre distinction que celles de leurs vertus et de leurs talents* ». Cela suppose que le législateur peut déterminer des différences de droits. Mais, pour être légitimes, celles-ci doivent être justes.

La Constitution de la Ve République édicte également dans son 1er article que « la France (...) assure *l'égalité devant la loi* de tous les citoyens sans distinction d'origine, de race ou de religion ». Mais les pouvoirs publics ont porté de très graves coups de canif dans le principe d'égalité des droits. Rappelons que le Conseil constitutionnel a affirmé que « *le principe d'égalité ne s'oppose pas à ce que le législateur règle de façon différente des situations différentes, ni à ce qu'il déroge à l'égalité pour des raisons d'intérêt général pourvu que, dans l'un et l'autre cas, la différence de traitement qui en résulte soit en rapport avec l'objet de la loi qui l'établit* » et qu'elle se fonde sur des « critères objectifs et rationnels ». D'ailleurs il a introduit l'incertitude par des décisions qui peuvent apparaître comme contradictoires : par exemple d'un côté il invalide les quotas par sexe dans les élections au nom de ces « *principes constitutionnels qui s'opposent à toute division par catégories des électeurs ou des éligibles* » ; et de l'autre, il laisse passer une remise de dettes sociales et fiscales à toutes les entreprises des départements d'outre-mer en 2000...

Donc, le juge constitutionnel et le législateur ont, sur le plan juridique, contribué à relativiser le principe d'égalité des droits, étant entendu que « *la Constitution comme les lois et la jurisprudence se mettent à juxtaposer des normes ou solutions contradictoires n'obéissant plus à aucune logique intellectuelle*[85]».

La discrimination "positive" participe d'une politique communautariste en ce qu'elle fait primer une appartenance à un groupe au détriment des qualités propres de la personne, ses talents, sa responsabilité et son libre arbitre. La différence de traitement dans ce cadre peut même paraître paradoxale lorsque l'on sait que l'une des missions dévolues au Défenseur des droits, en vertu de la loi du 29 mars 2011[86], est de lutter contre les discriminations, directes ou indirectes. Or la discrimination "positive" ne serait rien d'autre qu'une discrimination indirecte.

Le bénéficiaire de la discrimination "positive" paraît comme "la" victime de la société, la victime d'un système. C'est cela qui justifierait une protection particulière à son égard. Cette discrimination « positive » se traduit alors par l'attribution de passe-droits aux membres de catégories ainsi considérées au nom de la "réparation" des injustices dont ils seraient ou auraient été victimes.

De toute façon, l'expérience démontre que "l'*affirmative action*" est un excellent témoin de l'échec de la discrimination "positive". Les mesures de discrimination « positive » n'ont pas suffi pour éradiquer la pauvreté dans la population noire ; étant entendu qu'elles viseraient plus les effets que les causes des discriminations. La

---

[85]) A.-M., Le Pourhiet, *Le Droit à la différence*, [dir. N. Rouland], Presses universitaires d'Aix-Marseille, 2002.

[86]) Loi organique n° 2011-333 du 29 mars 2011 relative au Défenseur des droits, JO du 30.

discrimination "positive" se retourne contre les populations qu'elle est censée favoriser en instillant le doute sur le niveau de leurs résultats et la qualité de leur compétence, voire en les stigmatisant. Dans le même ordre d'idée, la crainte est palpable pour les non discriminés, puisqu'ils peuvent se voir refuser des emplois parce que n'étant pas membres d'un groupe favorisé par ces mesures. Certains auteurs[87] affirment même que « *la discrimination positive est un concept d'inspiration raciste* » et « *qu'un tel système attise les tensions raciales et qu'il constituerait un point de rupture avec notre histoire* ».

De même, les quotas de salariés n'empêchent pas la poursuite du principe de discrimination au sein de certaines entreprises. Il existe toujours des entreprises qui rémunèrent leurs salariés différemment en fonction de leur sexe voire de leur couleur de peau. Les quotas peuvent aussi avoir un effet moral dévalorisant, en laissant croire que certaines personnes ont pu obtenir leur emploi par l'effet protecteur de la discrimination positive et non par leurs compétences personnelles. Tout cela contribue, à notre sens, à l'immoralisation des relations dans le cadre professionnel.

En guise de conclusion…

La discrimination "positive" apparaît comme un moyen de lutte contre l'injustice sociale. Certes… Mais en réalité, elle ne permet pas de lutter efficacement contre les discriminations et elle ne justifie pas de l'intégration des bénéficiaires dans la société commune. Au contraire, elle

---

[87]) v. not. Lotfi Bel Hadj, *Trop Français ou Français de trop*, éd. Pharos/Jacques-Marie Laffont, 2007.

les alimente, en faisant éclater la société voire en créant des clivages et des suspicions de part et d'autre. Le principal effet que l'on peut tirer de la "discrimination positive" est de légitimer la discrimination tout simplement, en portant atteinte (légitime pour les uns et non fondée pour les autres !) au principe fondamental de l'égalité des droits.

Lorsque l'Institut d'études politiques de Paris ménage un recrutement sur dossier pour une fraction choisie de la population, il élimine d'autres jeunes relevant eux du droit commun du concours. En mettant en avant le critère du handicap, de l'origine, du statut social ou du sexe au mépris des mérites, des compétences et des talents, la discrimination positive apparaît comme un traitement de faveur déséquilibrant le pacte républicain. De même en minimisant les talents et le mérite au profit d'autres critères, la discrimination "positive" suggère pour le sens commun que ses bénéficiaires sont moins compétents. D'où les idéaux véhiculés par une partie de l'opinion selon lesquels un individu serait moins compétent notamment lorsqu'il est bénéficiaire de la reconnaissance de la qualité de travailleur handicapé, noir, femme... Il s'ensuit que la discrimination "positive" alimenterait les a *priori* racistes, sexistes et tous les autres réflexes qu'elle est censée combattre.

Donc la principale interrogation reste celle de savoir si la discrimination "positive" est-elle efficace, du simple point de vue de son objectif proclamé ! À cela on est tenté d'affirmer qu'elle renforce ce qu'elle est censée combattre : la discrimination tout court ou la discrimination "négative".

Finalement il n’y a pas, en réalité, de discrimination "positive" ou de discrimination "négative". Il en est de même des discriminations "directes" ou "indirectes" : il n’y a que des discriminations "immorales" au demeurant.

III La gestion des résultats, l'immoralité et le genre

Marie-Paule Labreur

Dans les entreprises s'est progressivement développé un certain nombre de pratiques comptables connues sous le terme de gestion des résultats. Ces techniques qui consistent à intervenir sur les données comptables peuvent être différemment interprétées. Ainsi, le président de la *Securities and Exchange Commission (SEC)*, Arthur Levitt (2008), a considéré la gestion des résultats comme une «*zone grise entre la légitimité et la fraude caractérisée. Une zone grise où la comptabilité est pervertie, où les managers prennent des raccourcis, où les résultats reflètent plus les désirs de la direction que la performance financière intrinsèque de l'entreprise* »[1]. Il ajoute que « *les entreprises essaient d'atteindre ou de surpasser les projections de Wall Street pour accroître leur capitalisation boursière et augmenter la valeur des stock-options* »[1]. *A contrario*, suite à une enquête menée en France auprès de contrôleurs de gestion, Lambert et Sponem (2003) concluent que « *sur le plan de l'efficacité, la gestion du résultat permettrait donc de maintenir une possibilité de prendre les risques indispensables au développement de l'activité économique sans pour autant passer pour un mauvais manager* ». Ils citent à ce propos Batsch (2002) pour qui « *un bon dirigeant n'est plus celui qui prend des risques mais celui qui ne déçoit pas* ». À la lumière de ces interprétations, on comprend donc que la

[1]) Traduction libre

gestion des résultats doit être définie en termes d'intention de la direction[2].

Ce chapitre est structuré en quatre parties. La première a pour objectif : i) de donner une définition académique de la gestion des résultats, ii) de présenter les explications apportées par les chercheurs concernant ces pratiques et iii) d'exposer certaines dérives principalement liées au système de gouvernance américain. La deuxième partie tentera d'expliquer ces comportements, dont certains pourraient être considérés comme immoraux, grâce aux théories de la psychologie cognitive et plus particulièrement au modèle du développement moral. Elle présentera les motivations, les effets du contexte organisationnel et les rationalisations utilisées par les managers. La troisième sera consacrée aux évolutions des systèmes de gouvernance et au développement des codes de bonne conduite apparus suite aux divers scandales financiers (Enron en 2001, Arthur Andersen en 2002, Worldcom et Parmalat en 2003, l'affaire du Libor en 2013) qui ont conduit à une crise de confiance des actionnaires et du grand public. Parmi ces nouvelles mesures pour limiter le recours et l'ampleur de la gestion des résultats on évoquera notamment la diversité hommes/femmes dans la composition des conseils d'administration. Enfin, la quatrième et dernière partie tentera d'apporter quelques explications quant à l'effet de la présence des femmes sur la gestion des résultats en se référant aux théories de la psychologie. La première hypothèse examinée sera bien évidemment celle du développement moral. Puis la psychologie différentielle apportera, grâce aux concepts de personnalité et de

---

[2]) Dechow & Skinner, 2000

valeurs, un nouvel éclairage nécessaire.

I. Gestion des résultats : si le cours de l'action m'était conté

À l'origine des recherches sur la gestion des résultats se trouve la "théorie positive de la comptabilité" de Watts et Zimmerman (1990). Celle-ci vise à expliquer les pratiques de gestion des résultats au vu de recherches antérieures qui semblaient avoir remis en question l'utilité de l'information comptable et démontré l'efficience des marchés. D'un point de vue pratique, la gestion des résultats est liée notamment au principe de la comptabilité d'engagement, par opposition à la comptabilité de trésorerie. Par exemple, pour maximiser les résultats, les produits sont enregistrés dans l'exercice en cours tandis que les charges ne seront comptabilisées que lors des exercices ultérieurs et vice-versa pour minimiser les résultats[3]. La décision de gérer les résultats par le biais des estimations, des interprétations et des choix relatifs aux méthodes comptables est ainsi laissée à la discrétion des dirigeants qui peuvent donc également pratiquer la gestion dite "réelle" des résultats par leurs décisions de gestion. De même, certaines opérations peuvent être structurées de façon à générer un certain type d'enregistrement comptable[4]. Mentionnons enfin le lissage des résultats qui consiste à faire apparaître une croissance régulière des résultats afin de diminuer le risque perçu. Cette pratique n'est toutefois pertinente que pour les entreprises capables de générer des résultats suffisamment élevés pour permettre d'en prélever une partie (par exemple sous forme de provisions) qui sera réintégrée ultérieurement. Il

---

[3]) Stolowy & Breton, 2003

[4]) Healy & Whalen, 1999

n'est toutefois pas inutile de préciser que les techniques de gestion des résultats n'enfreignent pas la loi. Elles s'inscrivent dans les limites des pratiques comptables admises dans la mesure où les normes comptables permettent des choix entre plusieurs méthodes ou laissent des possibilités d'interprétation.

Les motivations conduisant à la gestion des résultats peuvent être classées en trois catégories : i) les motivations liées aux marchés financiers, ii) les motivations liées aux contrats de rémunération et à la réputation des dirigeants, iii) les motivations liées aux contrats d'emprunt.

Les premières correspondent au désir d'influer sur le cours de l'action, particulièrement dans les périodes qui précèdent ou suivent certains évènements tels que les introductions en bourse[5], les fusions ou les opérations de rachat d'actions. Elles peuvent alors répondre à des demandes potentielles de transfert de richesse des nouveaux actionnaires vers les anciens. Il peut également s'agir d'atteindre ou de dépasser des valeurs cibles telles que les résultats de la période précédente ou les prévisions des analystes, dans la mesure où les marchés financiers pénalisent les entreprises dont les résultats les déçoivent[6].

Les secondes motivations sont principalement liées au fait que les rémunérations des dirigeants sont composées dans des proportions importantes de bonus et d'options de souscription d'actions ou d'attribution d'actions gratuites. De nombreuses études[7] ont montré que

---

[5]) Teoh, Wong, & Rao, 1998
[6]) Degeorge, Patel & Zeckhauser, 1999
[7]) Burns & Kedia, 2006 ; Healy, 1985

les dirigeants utilisaient la gestion des résultats afin de maximiser leurs rémunérations. Lorsque les résultats de l'entreprise sont proches des seuils de déclenchement du versement des bonus, les dirigeants ont intérêt à présenter des résultats qui leur soient le plus favorables. En revanche, si les résultats sont éloignés de ces seuils, ils peuvent choisir de les minorer afin de reporter les profits et de maximiser leurs bonus sur la période suivante. Par ailleurs, plus la part de la rémunération des dirigeants est liée au cours de l'action de l'entreprise, plus ceux-ci ont tendance à pratiquer la gestion des résultats[8]. De plus, les dirigeants exercent plus d'options d'achat d'actions et vendent plus d'actions lorsque les résultats ont été manipulés à la hausse. Enfin, une enquête réalisée en 2011 aux États-Unis auprès de 558 directeurs financiers révèle que 80,4 % d'entre eux croient que les dirigeants ont recours à la gestion des résultats dans le but de préserver ou d'améliorer leur réputation[9].

Les troisièmes, liées aux clauses restrictives des contrats d'emprunts, suggèrent que les entreprises ayant un niveau d'endettement élevé sont incitées à surévaluer leurs résultats afin de se prémunir contre les conséquences négatives de la violation de ces clauses. En effet, celles-ci peuvent notamment inclure la possibilité pour le prêteur de demander le remboursement immédiat de la dette, d'augmenter le taux d'intérêt, d'exiger des garanties supplémentaires ou d'imposer des clauses restrictives additionnelles[10], toutes actions potentiellement dommageables pour l'entreprise.

---

[8]) Bergstresser & Philippon, 2006
[9]) Dichev, Graham, Harvey & Rajgopal, 2013
[10]) Dichev & Skinner, 2002

Ainsi, il apparaît que les actionnaires et les dirigeants bénéficient de la gestion des résultats lorsqu'elle conduit à l'augmentation de la valeur de l'action. Les seconds peuvent, de plus, en tirer des avantages tels que la conservation de leur poste ou l'amélioration de leur réputation. Malgré ces retombées positives potentielles, on peut s'interroger sur les conséquences négatives de ces pratiques, même si celles-ci ont, malheureusement, suscité moins de travaux de la communauté scientifique. En fonction des méthodes de gestion de résultats utilisées, les effets négatifs retentissent sur des parties prenantes plus ou moins nombreuses ou étendues. Ainsi les décisions de différer ou de diminuer les coûts de recherche et développement, les dépenses de maintenance ou de marketing, vont permettre d'atteindre des objectifs de résultats à court terme au détriment de la création de valeur économique[11]. Il peut en résulter des pertes de compétitivité, de parts de marché, donc à terme une diminution de la valeur de l'action. Dans ce cadre, les parties prenantes affectées par la décision sont nombreuses (les salariés, les fournisseurs, les actionnaires, les dirigeants et l'état)[12]. Par ailleurs, l'augmentation de la valeur de l'action due à la manipulation des résultats comptables conduit à un transfert de richesse des nouveaux actionnaires vers les anciens[13].

La majorité de ces études a été réalisée aux États-Unis et au Royaume-Uni où le rôle des marchés financiers dans le financement des entreprises est plus important qu'en Europe continentale. De plus, le contexte juridique est différent car, en France, la législation est plus

---

[11]) Graham, Harvey, & Rajgopal, 2005
[12]) Stolowy & Breton, 2003
[13]) Dye, 1988

protectrice des intérêts des tiers qu'aux États-Unis[14]. Ces différences n'ont pas empêché le concept de création de valeur pour les actionnaires de se diffuser en France. Celui-ci est apparu aux États-Unis à la fin des années 1970. Jusqu'alors les grands groupes américains avaient appliqué une stratégie dite "conserver et réinvestir" qui consistait à réinvestir les bénéfices dans de nouveaux moyens de production et des effectifs supplémentaires. Mais bientôt ces firmes souffrirent de la concurrence internationale et plus particulièrement d'une intense compétition avec les entreprises japonaises. C'est dans ce contexte qu'un changement radical de stratégie s'imposa avec le but de créer de la valeur pour les actionnaires, dénommée "restructurer et distribuer"[15]. Ce principe de gestion est notamment issu de la théorie de l'agence formulée par Jensen et Meckling (1976) qui définissent la relation d'agence comme « *un contrat par lequel une ou plusieurs personnes (le principal ou le mandant) engagent une autre personne (l'agent ou le mandataire) pour exécuter en son nom une tâche quelconque qui implique la délégation d'un certain pouvoir de décision à l'agent* ». Cette théorie est largement utilisée pour rendre compte du fonctionnement des sociétés cotées, en définissant les relations entre les actionnaires et les dirigeants comme une relation d'agence. Ce paradigme a conduit à l'idée que les dirigeants avaient pour seule obligation de servir l'intérêt des actionnaires de l'entreprise et que la meilleure façon d'y parvenir était de maximiser la valeur de l'action[16]. Une enquête a été menée sur ce thème en 2006 auprès de trente-quatre hommes administrateurs expérimentés siégeant en moyenne dans six conseils d'administration

[14]) Delga, 2005
[15]) Lazonick & O'Sullivan, 2000
[16]) Blair & Stout, 2001

d'entreprises appartenant au top 200 du classement du magazine Fortune. Ceux-ci devaient répondre à deux dilemmes : le premier portait sur des considérations environnementales (couper une forêt primaire pour améliorer le bénéfice par action à court terme ou la conserver pour générer des revenus à long terme), le second portait sur une question de santé publique (investir dans une technologie permettant de limiter l'émission d'une toxine au détriment du bénéfice par action alors que ce n'est pas une obligation légale). Les résultats ont montré que seuls 6 % des administrateurs interrogés dans le premier cas et 12 % dans le second auraient choisi de ne pas augmenter le résultat par action. Les participants considéraient en outre que d'autres administrateurs auraient pris des décisions identiques (100 % dans la première situation et 99 % dans la seconde). Lors des entretiens réalisés auprès des participants, tous sauf un ont expliqué leur décision par le fait que la principale responsabilité d'un administrateur est d'agir dans l'intérêt des actionnaires[17]. Bien que cette étude ait été réalisée auprès d'un très petit échantillon, ces résultats concordent avec ceux de deux autres enquêtes. La première[18], réalisée auprès de 169 directeurs financiers de sociétés cotées, a révélé que pour 93,5 % d'entre eux la gestion des résultats était liée au désir d'influencer le cours de l'action. La seconde[19] a montré que 41 % des 401 directeurs financiers interrogés seraient prêts à sacrifier des projets pouvant apporter une valeur économique à l'entreprise pour atteindre les objectifs de résultats et que 78 % préféreraient renoncer à des projets économiquement rentables plutôt que de se priver du pouvoir de lisser les

---

[17]) Rose, 2006
[18]) Dichev et al., 2013
[19]) Graham et al., 2005

résultats. Ainsi, les administrateurs américains semblent privilégier la création de valeur pour les actionnaires, convaincus en outre de répondre à une obligation légale. De même, les directeurs financiers n'hésitent pas à arbitrer, sous la pression des marchés financiers, en faveur de résultats à court terme au détriment de projets rentables à long terme.

II. Finance et morale sont dans un bateau...

Les philosophes font généralement une différence entre la morale et l'éthique. La morale se réfère à un ensemble de valeurs et de principes qui permettent de distinguer le bien du mal et auxquels il faut se conformer. L'éthique est une démarche, une réflexion qui vise à déterminer la meilleure solution dans un contexte donné. J'emploierai cependant indifféremment l'un ou l'autre dans la suite de ce texte.

Comment interpréter ces comportements à l'aune des théories de la psychologie ? Les questions de moralité ont principalement été étudiées par la psychologie cognitive qui étudie les opérations mentales permettant d'accomplir une tâche cognitive (c'est-à-dire liée à l'intelligence ou à la pensée). Ces processus comprennent notamment la compréhension, le jugement, le rappel d'informations, le raisonnement et la prise de décision.

Le modèle de Rest (1986) cité par Treviño, Weaver, et Reynolds (2006) a été largement utilisé pour expliquer les décisions et les comportements éthiques. Il repose sur quatre facteurs : la conscience, le jugement, la motivation et le comportement. Ce modèle suppose que la conscience morale et le jugement moral sont des préalables au comportement éthique. La conscience morale représente la capacité à identifier l'éventuelle dimension éthique d'une situation ou d'une décision. Cette capacité dépend de la sensibilité individuelle, des caractéristiques de la situation (intensité morale) et du contexte, par exemple une situation de compétition. Les recherches sur le jugement moral s'appuient principalement sur le modèle du développement moral cognitif de Kohlberg (1971). Celui-ci comprend trois niveaux et six stades qui reflètent la complexification du processus de jugement. Au niveau préconventionnel, les sujets interprètent les notions de bien ou mal en termes de conséquences physiques de leurs actes (punition, récompense) (stade 1) ou satisfaction instrumentale de leurs besoins (échange de faveurs) (stade 2). Au niveau conventionnel, l'individu peut renoncer à ses intérêts personnels afin de répondre aux attentes de sa famille ou du groupe (stade 3) ou afin de faire ce qu'il considère être son devoir, de montrer son respect de l'autorité ou de se conformer aux normes et aux lois (stade 4). Enfin au niveau post-conventionnel, les sujets définissent de façon autonome des valeurs morales et des principes fondamentaux. Au stade 5, l'individu définit l'action juste en fonction non seulement de sa légalité mais aussi de la relativité des valeurs personnelles et des opinions. Au stade 6, les principes éthiques définis par l'individu sont abstraits et universels. Ce sont des principes de justice, de réciprocité, d'égalité des droits humains et de respect des individus. Selon ce modèle, le développement moral se produit de façon linéaire mais les individus ne progressent pas au même rythme et ne parviennent pas tous au même niveau. Des recherches ont montré que les managers confrontés à des dilemmes situés dans le domaine professionnel fonctionnent au niveau conventionnel, alors qu'ils ont accès à des niveaux plus élevés dans d'autres contextes[20].

Le lien entre la conscience morale, le jugement moral et le comportement est modéré par la motivation morale. En effet, le raisonnement moral n'est pas toujours suffisant ni nécessaire pour s'engager dans un comportement moral[21]. Ainsi, une récente étude[22] a montré que lorsque les conséquences pour l'entreprise sont positives, les managers perçoivent le recours à la gestion des résultats comme moins immoral ; ils considèrent donc que la fin (l'intérêt de l'entreprise) justifie les moyens (l'éthique contestable de la décision). En revanche, l'identité morale constitue un facteur de motivation positif. Définie comme une conception du soi organisée autour de traits moraux[23], elle entre souvent en compétition avec d'autres conceptions du soi, comme celle du manager loyal à l'entreprise. Enfin, les émotions négatives telles que la culpabilité ou la honte ont longtemps été associées aux comportements non éthiques. À l'inverse, des chercheurs[24] ont récemment montré que des comportements de tricherie, pour autant qu'ils n'impliquaient pas de nuire à une victime identifiée, pouvaient induire un sentiment agréable d'autosatisfaction. Celui-ci serait lié au plaisir d'avoir déjoué le système ou surmonté une difficulté, et pourrait inciter à recommencer.

Il semble cependant que le lien entre cognition

---

[20]) Treviño, 1992
[21]) Blasi, 2005
[22]) Johnson, Fleischman, Valentine, & Walker, 2012
[23]) Aquino & Reed, 2002
[24]) Ruedy, Moore, Gino, & Schweitzer, 2013

morale (conscience et jugement) et comportement ne soit pas facile à établir[25] car d'autres processus peuvent intervenir avant ou après l'engagement dans un comportement non éthique. Ainsi, Bandura (1999) a suggéré que le désengagement moral par anticipation libérait les individus de la culpabilité qu'ils pourraient ressentir ultérieurement. Celui-ci comprend plusieurs mécanismes : i) la reconstruction du comportement – par le biais de la justification morale, de l'euphémisme ou de la comparaison avantageuse – afin que celui-ci ne soit plus perçu comme immoral, ii) la minimisation du rôle de l'individu par le déplacement ou la diffusion de la responsabilité, iii) la dénégation ou la distorsion des conséquences et iv) la déshumanisation ou le report de la faute sur la victime. De même, d'autres chercheurs[26] ont expliqué que les individus malhonnêtes ne se voyaient pas comme tels en recourant à une "idéologie de rationalisation" qui reprend certains mécanismes cités par Bandura. Celle-ci inclut notamment l'argument que la pratique n'est pas illégale, la dénégation de responsabilité, du tort ou du statut de la victime, la comparaison sociale sélective et l'invocation de loyautés supérieures et plus particulièrement au groupe.

Par ailleurs des facteurs organisationnels peuvent influencer la cognition sociale et le comportement des individus. Selon Treviño (1992), le contexte organisationnel peut inciter les individus à se concentrer sur des résultats quantitatifs ou sur l'obéissance et le conformisme plutôt que sur des considérations morales. Ainsi certains sujets ont tendance à ne pas se considérer comme des acteurs moralement indépendants et s'en

---

[25]) Bègue, 1998
[26]) Ashforth & Anand, 2003

remettent complètement à une autorité extérieure. D'autres perçoivent leur rôle professionnel comme limité à des critères d'efficacité[27] cité par Jones (1991). Par ailleurs, l'attitude, le comportement et l'approbation des pairs influencent le comportement moral des individus[28]. De plus, le climat organisationnel peut laisser penser que certaines pratiques sont tolérées en récompensant fortement les performances ou en sanctionnant lourdement les échecs[29].

Enfin des facteurs individuels peuvent également influencer le comportement moral. Parmi ceux-ci figurent le *locus of control* et la régulation du comportement. Le *locus of control* est un concept qui décrit le fait que les individus établissent des relations causales différentes entre leurs conduites et les résultats qu'ils obtiennent[30]. Les individus dotés d'un locus de contrôle interne attribuent leurs performances et leurs résultats à leurs actes ou à leurs caractéristiques personnelles[31]. À l'opposé, les individus ayant un locus de contrôle externe considèrent que les évènements qui les affectent sont le résultat de facteurs externes sur lesquels ils n'ont pas ou peu d'influence tels que la chance, le hasard, d'autres personnes plus influentes. Ainsi, les individus "internes" sont plus enclins à se sentir responsables de leurs comportements et donc à agir en fonction de leurs jugements éthiques[32]. Enfin, pour Bandura (1991), les mécanismes d'autorégulation interviennent dans le

---

[27]) Derry, 1987
[28]) T. M. Jones & Ryan, 1998
[29]) Brief, Buttram, & Dukerich, 2001
[30]) Rotter, 1966
[31]) Lubart, Caroff, Mouchiroud, Pereira Da Costa, & Zenasni, 2011
[32]) Treviño et al., 2006

contrôle du comportement moral. Ainsi, les individus adoptent un comportement moral pour le sentiment d'autosatisfaction qu'il génère et s'abstiennent de conduites transgressives pour éviter tous reproches tant de leur part que de celle d'autrui

III. Gestion des résultats : contenir les dérives

Pour tenter de contenir les comportements de gestion de résultats, il existe deux types de mécanismes : les mécanismes "spontanés" et les mécanismes "intentionnels"[33]. Parmi les premiers, Fama (1980) considère que le marché des dirigeants, basé sur leur réputation, est le plus important. Les seconds incluent le contrôle des comptes et la gouvernance d'entreprise[34]. Celle-ci a été définie par Charreaux (1997) citée par l'auteur (2000) comme « *l'ensemble des mécanismes qui définissent et délimitent l'espace discrétionnaire des dirigeants* ». En France, le dernier rapport relatif à la gouvernance des entreprises[35] rappelle les caractéristiques essentielles à la qualité des conseils d'administration : i) la dissociation des fonctions de président et de directeur général, ii) dans les sociétés au capital dispersé et dépourvues d'actionnaires de contrôle, la présence d'au moins 50 % d'administrateurs indépendants (c'est-à-dire qui n'entretiennent aucune relation qui puisse compromettre leur liberté de jugement), iii) la constitution de différents comités, notamment des comités des comptes et d'audit qui devraient être composés de deux tiers d'administrateurs indépendants et ne comprendre aucun mandataire social, iv) l'intégrité des administrateurs, leur

[33]) Charreaux, 2000
[34]) Jeanjean, 2001
[35]) Bouton, 2002

implication dans les délibérations et leur bonne compréhension du fonctionnement de l'entreprise. De plus, ce rapport mentionne que l'amélioration de la gouvernance des entreprises est directement liée à l'évolution des comportements individuels et collectifs.

Plusieurs recherches citées par Srinidhi, Gul et Tsui (2011) ou par Labelle, Gargouri et Francœur (2009) montrent que la présence d'administrateurs indépendants limite la gestion des résultats et ces conclusions ont été confirmées en France[36]. De même, dans les sociétés françaises, la constitution d'un comité d'audit réduit la gestion des résultats à la hausse[37]. D'autres recherches citées par Srinidhi et al. (2011) indiquent que les administrateurs indépendants au sein du comité d'audit ont une influence positive sur la sélection des auditeurs externes et améliorent la qualité des états financiers. Par ailleurs, la gestion des résultats est positivement corrélée à la participation du CEO au comité des rémunérations[38]. En revanche, il ne semble pas y avoir de consensus sur l'effet de la taille du conseil d'administration. En effet, dans certaines études[39] le nombre d'administrateurs est lié négativement avec la possibilité de gestion des résultats tandis que d'autres montrent une corrélation positive[40]. Enfin, le rapport de Madame Zimmermann (2009) sur la représentation équilibrée des femmes et des hommes au sein des conseils d'administration indique que la féminisation de ces derniers semble favorable à

---

36) Matoussi & Mahfoudh, 2006 ; Piot & Janin, 2004 ; Stepniewski & Souid, 2010

37) Piot & Janin, 2004

38) Klein, 2006

39) Xie, Davidson, & DaDalt, 2003

40) Peasnell, Pope, & Young, 2001

l'amélioration de la gestion et de la rentabilité des entreprises.

Pour autant, et bien que de nombreuses études aient été menées pour expliquer le lien entre l'efficacité des conseils d'administration et la présence des femmes au sein de ceux-ci, il ne semble pas exister de consensus sur ce sujet.

Certains[41] montrent que non seulement les femmes ont 30 % moins de problèmes d'assiduité et, qu'en outre, leur présence fait diminuer l'absentéisme des hommes de 9 %. Il apparaît de plus que les femmes ont 7,5 % plus de chances de faire partie du comité d'audit mais 3,3 % moins de chances d'intégrer le comité des rémunérations. Ces auteurs interprètent le lien entre la mixité dans les conseils d'administration et la mesure de la performance comme un indicateur d'un contrôle plus strict. De plus, selon Huse et Solberg (2006), cité par Peni et al. (2010) les femmes améliorent l'efficacité des conseils d'administration parce qu'elles en préparent mieux les réunions que les hommes. Concernant les administrateurs "occupés" (ceux qui cumulent les mandats) donc supposés être moins impliqués dans la supervision de la gestion de l'entreprise, les résultats sont contrastés. En effet, si en 2006, les femmes cumulaient moins de mandats que les hommes, bien que cette différence ne fût pas significative[42], en 2009 les résultats étaient inversés et les femmes siégeaient dans plus de comités[43]. Pour autant, il ne semble pas que les femmes membres de comités d'audit indépendants aient une influence sur l'efficacité de

---

41) Adams & Ferreira, 2009
42) Yermack, 2006
43) Jiraporn, Singh, & Lee, 2009

ceux-ci à limiter la gestion des résultats[44].

D'autres, notamment cités par Gul et al. (2007), proposent les explications suivantes : i) les femmes, grâce à leur capacité à instaurer des relations de confiance, ont plus de facilités à réduire l'asymétrie d'information avec les dirigeants exécutifs, ii) les femmes sont plus averses au risque dans les décisions concernant les domaines financiers, iii) elles sont moins enclines que les hommes aux excès de confiance, ce qui les incite à plus de vigilance et à soulever plus de questions, iv) elles ont, en moyenne, selon une étude réalisée dans des cabinets d'audit, un plus haut niveau de développement moral que les hommes, v) elles jugent plus volontiers contraires à l'éthique les actes moralement discutables et sont moins prêtes à s'y engager. Enfin, des études empiriques concluent que les entreprises dont le directeur financier est une femme sont plus prudentes dans la gestion de leurs résultats[45] et que celles dont le conseil d'administration comprend au moins une femme sont moins exposées au risque de devoir réviser leurs états financiers[46].

IV. Vive les femmes !

Certains des résultats précédents auraient pu laisser supposer que les femmes montraient en moyenne un stade de développement moral plus élevé de celui des hommes, mais les études les plus récentes ont conclu qu'il n'en était rien.

Les premières études concluaient même que les femmes atteignaient en moyenne un stade de développement moral

---

[44]) Sun, Liu, & Lan, 2010

[45]) Peni & Vähämaa, 2010

[46]) Abbott, Parker, & Presley, 2012

inférieur à celui des hommes. Carol Gilligan, a contesté ces résultats (1982) en critiquant le modèle de Kohlberg sur deux points : i) il avait été élaboré à partir d'échantillons uniquement masculins, ii) il reposait principalement sur la notion de justice, une conception limitée de la morale. Gilligan considérait que devait également être prise en compte une autre conception de l'éthique, basée sur la sollicitude *(ethic of care)* qui reposait sur les relations interpersonnelles et les obligations ou responsabilités envers autrui. Cette nouvelle perspective permettait d'expliquer les raisons pour lesquelles les femmes semblaient, selon ce modèle, limitées au stade 3 qui correspond au renoncement à ses intérêts personnels pour répondre aux attentes de sa famille ou du groupe. Depuis, de nombreuses études ont été menées – voir la revue effectuée par Bègue (1998) – dont certaines ont montré que les thèmes liés à l'éthique de la sollicitude étaient spontanément évoqués à parts égales ou en proportion supérieure à ceux liés à la justice dans le cadre de dilemmes moraux présentés à des étudiants des deux sexes. Compte tenu de l'ampleur de la controverse qui en a résulté et qui s'est poursuivie pendant plus de vingt ans, plusieurs méta-analyses ont été publiées. Celles de Walker (1984) et de Jaffee et Hyde (2000) ont montré que les raisonnements moraux des hommes et des femmes sont plus semblables que différents (*more alike than different*). Les différences seraient en effet plus liées aux facteurs socio-économiques et au niveau d'éducation[47].

Ainsi, le concept de développement moral ne semble plus une hypothèse prometteuse pour expliquer le

---

[47]) Walker, 1984

lien entre la présence des femmes dans les conseils d'administration et le moindre recours à la gestion des résultats. Une autre branche de la psychologie, la psychologie différentielle, ouvre cependant des perspectives de recherche intéressantes sur ce thème. Elle peut être définie comme « *les études comparatives des différences psychologiques entre les individus humains, tant en ce qui concerne la variabilité interindividuelle que la variabilité intergroupes (groupes différant par l'âge, le sexe, le milieu social ou la race)*[48] » , citée par Reuchlin (1964). L'une de ces différences est constituée par la personnalité, classiquement décrite en cinq facteurs : l'ouverture (apprécier les nouvelles expériences, être curieux), la conscience (être organisé, rigoureux, autodiscipliné), l'extraversion (être sociable, dynamique, rechercher les stimulations variées), l'amabilité (être prévenant, serviable, chaleureux) et la stabilité émotionnelle (faible émotivité). En plus de ces cinq facteurs, deux chercheurs[49] en ont récemment mis en évidence un sixième intitulé honnêteté-humilité. Les facettes en sont : la sincérité, l'intégrité (dans le sens de ne pas vouloir profiter des autres ou de la société, d'éviter la fraude ou la corruption), le désintérêt *(greed-avoidance)* et la modestie. Ce nouveau facteur est corrélé négativement à la prise de risque dans le domaine de l'éthique[50], à l'opportunisme[51] et positivement à des tâches de prise de décisions concernant l'éthique[52]. Il apparaît également prédictif en ce qui concerne les réponses à des scénarios dans lesquels un choix moral est opposé à une perte

---

48) Piéron, 1951
49) Lee & Ashton, 2004
50) Weller & Tikir, 2011
51) Ashton & Lee, 2007
52) Lee, Ashton, Morrison, Cordery, & Dunlop, 2008

économique[53]. Enfin, et c'est le plus important, les femmes y obtiennent des scores significativement supérieurs à ceux des hommes[54].

Par ailleurs, Adams et Funk (2012) ont réalisé, en Suède, une enquête auprès de 502 membres ou présidents de conseils d'administration afin d'étudier les différences de valeurs selon le genre en utilisant le *Portrait Value Questionnaire* (PVQ ou questionnaire de valeurs par portrait élaboré par Schwarz). Les valeurs, représentant ce qui est important pour une personne, influencent de ce fait ses attitudes et comportements. Schwarz (2006) leur attribue six caractéristiques principales : « *i) les valeurs sont des croyances, ii) elles ont trait à des objectifs désirables, iii) elles transcendent les actions et les situations spécifiques, iv) elles servent d'étalon ou de critères, v) elles sont classées les unes par rapport aux autres par ordre d'importance, vi) l'importance relative de multiples valeurs guide l'action* ». Les résultats de l'enquête montrent des différences entre les hommes et les femmes sur huit des dix valeurs. En effet, les femmes privilégient la bienveillance, l'universalisme et la stimulation tandis que les hommes accordent de l'importance à la conformité, au pouvoir, à la tradition, à la sécurité et à la réussite. D'après Schwartz l'universalisme et la bienveillance conduisent au dépassement des intérêts égoïstes et à la priorité accordée à autrui et expriment des valeurs d'où l'anxiété est absente. En revanche, les valeurs importantes pour les hommes permettraient de limiter l'anxiété générée par l'incertitude. Ainsi, la conformité aurait pour objectif d'éviter les conflits, le pouvoir de contenir les menaces et

---

[53]) Perugini & Leone, 2009

[54]) Lee & Ashton, 2004

enfin, la tradition et la sécurité, de maintenir l'ordre établi[55]. Dans une autre étude menée en Suède, Adams, Licht et Sagiv (2008) montrent que plus les administrateurs accordent de l'importance au pouvoir et à la réussite, plus ils apportent leur soutien aux décisions favorables aux actionnaires. À l'inverse, ceux qui valorisent la bienveillance et l'universalisme sont plus enclins à prendre en compte les intérêts de l'ensemble des parties prenantes. Enfin, les résultats révèlent que les hommes accorderaient plus d'importance que les femmes aux intérêts des actionnaires.

Conclusion et perspectives

Les questions relatives aux pratiques de gestion des résultats, à la moralité et au genre intéressent non seulement les chercheurs mais aussi les régulateurs[56] et, espérons-le, également les dirigeants. Certes, on pourrait penser comme Mard (2005) que le développement de l'éthique dans les entreprises sera de nature à limiter la gestion des résultats. Mais, il semble plus réaliste de considérer comme Labelle et al. (2009) que si les dirigeants étaient supposés se comporter de façon éthique, la question de la gouvernance se poserait avec moins d'acuité, notamment en ce qui concerne la qualité des états financiers. Celle-ci est ainsi devenue une préoccupation majeure des législateurs et des régulateurs tant au niveau international qu'au niveau français. Ces derniers considèrent en effet que les mécanismes de gouvernance des entreprises sont essentiels dans l'atteinte de cet

[55]) Schwartz, 2006

[56]) Organismes publics ou privés, locaux ou internationaux qui édictent des normes, réglementations ou recommandations

objectif. Il leur apparaît notamment que la représentation équilibrée des sexes dans les organes de surveillance ne pourrait qu'être favorable à l'efficacité de ces mécanismes de gouvernance avec, comme le rappellent Saint-Onge et Magnon (2013), l'avantage de se conformer au principe d'égalité des sexes.

De fait, la plupart des recherches réalisées ont montré que la présence de femmes au sein des conseils d'administration limitait le recours à la gestion des résultats ou son ampleur. En outre, des études récentes semblent non seulement confirmer ces résultats, mais surtout apporter quelques éléments de réponse quant à la nature de ce lien. Celui-ci s'expliquerait par des caractéristiques, telles que les valeurs ou des traits de personnalité, qui seraient différents selon le genre. Bien que pertinents au niveau individuel, il semble peu probable qu'ils puissent expliquer la totalité de l'effet de la présence des femmes dans les conseils d'administration sur la gestion des résultats, dans la mesure où les décisions y sont prises de façon collégiale. Il semble donc raisonnable de considérer que les femmes ne peuvent réellement influencer les décisions que sous certaines conditions telles que leur nombre ou leur pourcentage dans les conseils d'administration. Plusieurs chercheurs ont ainsi eu recours à la théorie de la masse critique[57] qui postule qu'à partir d'un certain seuil, estimé par l'auteur à 35 %, le groupe "dominé" représente alors une minorité et les "dominants", seulement une majorité. Ces études[58] ont notamment montré qu'un nombre minimum de trois femmes était nécessaire dans les conseils d'administration

---

[57]) Kanter, 1977

[58]) Strydom & Au Yong, 2012 ; Terjesen, Sealy, & Singh, 2009 ; Torchia, Calabrò, & Huse, 2011

pour qu'elles aient un réel impact. Par ailleurs, une étude réalisée par McKinsey & Company indique que le seuil de 30 % de femmes doit être franchi pour que soit constatée une différence significative dans les performances de l'entreprise[59].

Les résultats précédents ne fournissent cependant pas d'explication quant aux mécanismes qui permettent à une minorité féminine d'influencer les décisions des conseils d'administration. Une interprétation possible de ce phénomène pourrait, résider dans l'effet de la responsabilité *(accountability)* de devoir justifier ses décisions devant une audience mixte. À ce jour, les expériences réalisées n'ont porté que sur des audiences unisexes et des tâches de calcul de probabilité[60]. Les résultats montrent alors une augmentation de la performance des hommes lorsqu'ils doivent justifier leurs choix devant une audience masculine alors que celle des femmes n'est pas influencée par la composition (exclusivement masculine ou féminine) du public. Il pourrait donc s'avérer très intéressant de compléter ces recherches avec l'objectif d'étudier les effets d'audiences mixtes sur des individus, hommes ou femmes, confrontés à des dilemmes moraux.

---

[59]) Devaux, Devillard-Hoellinger, & Baumgarten, 2007
[60]) Brandts & Garofalo, 2012 ; Vieider, 2011

Bibliographie

Abbott, L. J., Parker, S.,& Presley, T. J. (2012). Female Board Presence and the Likelihood of Financial Restatement. *Accounting Horizons*, *26*(4), 607-629. doi :10.2308/acch-50249

Adams, R. B., & Ferreira, D. (2009). Women in the Boardroom and Their Impact on Governance and Performance. *Journal of Financial Economics*, *94*(2), 291-309.

Adams, R. B., & Funk, P. (2012). Beyond the glass ceiling: Does gender matter? *Management Science*, *58*(2), 219-235. doi :10.1287

Adams, R. B., Licht, A. N., & Sagiv, L. (2008). *Shareholderism: Board Members' Values and the Shareholder-Stakeholder Dilemma* (No. 204). European Corporate Governance Institute Working Paper.

Aquino, K., & Reed, A. I. (2002). The self-importance of moral identity. *Journal of Personality and Social Psychology*, *83*(6), 1423-1440. doi :10.1037//0022-3514.83.6.1423

Ashforth, B., & Anand, V. (2003). The normalization of corruption in organizations. *Research in Organizational Behavior*, *25*, 1-52.

Ashton, M. C., & Lee, K. (2007). Empirical, theoretical, and practical advantages of the HEXACO model of personality structure. *Personality and social psychology review*, *11*(2), 150-66. doi :10.1177/1088868306294907

Bandura, A. (1991). Social cognitive theory of self-regulation. *Organizational Behavior and Human Decision Processes*, *50*(2), 248-287.

Bandura, A. (1999). Moral disengagement in the perpetration of inhumanities. *Personality and Social Psychology Review*, *3*(3), 193-209. doi :10.1207/s15327957pspr0303_3

Bègue, L. (1998). De la «cognition morale» à l'étude des stratégies du positionnement moral : aperçu théorique et controverses actuelles en psychologie morale. *L'année psychologique*, *98*(2), 295-352. doi :10.3406/psy.1998.28596

Bergstresser, D., & Philippon, T. (2006). CEO incentives and earnings management. *Journal of Financial Economics*, *80*(3), 511-529. doi :10.1016/j.jfineco.2004.10.011

Blair, M. M., & Stout, L. A. (2001). Director Accountability and the Mediating Role of the Corporate Board. *Washington University Law Quarterly*, *79*(2), 403-447.

Blasi, A. (2005). Moral Character: A Psychological Approach. Dans D. K. Lapsley & C. F. Power (Dir.), *Character Psychology and Character Education* (p. 67-100). IN, US : University of Notre Dame Press.

Bouton, D. (2002). *Rapport Bouton - Pour un meilleur gouvernement des entreprises cotées*.

Brandts, J., & Garofalo, O. (2012). Gender pairings and accountability effects. *Journal of Economic Behavior & Organization*.

Brief, A., Buttram, R., & Dukerich, J. (2001). Collective corruption in the corporate world: Toward a process model. Dans M. E. Turner (Dir.), *Groups at work: Theory and Research* (p. 471-499). Mahwah, NJ : Lawrence Erlbaum.

Burns, N., & Kedia, S. (2006). The impact of performance-based compensation on misreporting.

Journal of Financial Economics, *79*(1), 35-67. doi :10.1016/j.jfineco.2004.12.003

Charreaux, G. (2000). Le conseil d'administration dans les théories de la gouvernance. *Revue du financier*, *127*.

Dechow, P. M., & Skinner, D. J. (2000). Earnings Management: Reconciling the Views of Accounting Academics, Practitioners, and Regulators. *Accounting Horizons*, *14*(2), 235-250. doi :10.2139/ssrn.218959

Degeorge, F., Patel, J., & Zeckhauser, R. (1999). Earnings Management to Exceed Thresholds. *The Journal of Business*, *72*(1), 1-33. doi :10.1086/209601

Delga, J. (2005). De l'inexistence juridique de l'administrateur indépendant en France aux risques encourus. *Cahiers de droit de l'entreprise*, *5*(septembre-octobre), 40-45.

Devaux, G., Devillard-Hoellinger, S., & Baumgarten, P. (2007). Women Matter: Gender diversity, a corporate performance driver. *McKinsey & Company*.

Dichev, I. D., Graham, J. R., Harvey, C. R., & Rajgopal, S. (2013). Earnings quality: Evidence from the field. *Journal of Accounting and Economics*, *56*(2), 1-33.

Dichev, I. D., & Skinner, D. J. (2002). Large-sample Evidence on the Debt Convenant Hypothesis. *Journal of accounting research*, *40*(4), 1091-1123.

Dye, R. A. (1988). Earnings Management in an Overlapping Generations Model. *Journal of Accounting Research*, *26*(2), 195 - 235.

Fama, E. F. (1980). Agency Problems and the Theory of the Firm. *The Journal of Political Economy*, *88*(2), 288-307.

Gilligan, C. (1982). *In a different voice* (p. 24-39). Cambridge (Massachussets) : Havard University Press.

Graham, J. R., Harvey, C. R., & Rajgopal, S. (2005). The Economic Implications of Corporate Financial Reporting. *Journal of Accounting and Economics, 40*(1), 3 - 73. doi :10.1016/j.jacceco.2005.01.002

Gul, F. A., Srinidhi, B., & Tsui, J. (2007). *Do female Directors enhance Corporate Board Monitoring? Some evidence from Earnings Quality.*

Healy, P. M. (1985). The effect of bonus schemes on accounting decisions. *Journal of Accounting and Economics, 7*(1-3), 85-107. doi :10.1016/0165-4101(85)90029-1

Healy, P. M., & Whalen, J. M. (1999). A Review of the Earnings Management Literature and its Implications for Standards Settings. *Accounting Horizons, 13*(4), 365-383.

Jaffee, S., & Hyde, J. (2000). Gender differences in moral orientation: a meta-analysis. *Psychological Bulletin, 126*(5), 703-726. doi :10.1037/0033-2909.126.5.703

Jeanjean, T. (2001). Incitations et contraintes à la gestion du résultat. *Comptabilité, Contrôle, Audit, 7*(2), 62-76.

Jensen, M. C., & Meckling, W. H. (1976). Theory of the Firm : Managerial Behavior, Agency Costs and Ownership Structure. *Journal of Financial Economics, 3*(4), 305-360.

Jiraporn, P., Singh, M., & Lee, C. I. (2009). Ineffective corporate governance: Director busyness and board committee memberships. *Journal of Banking & Finance, 33*(5), 819-828. doi :10.1016/j.jbankfin.2008.09.020

Johnson, E. N., Fleischman, G. M., Valentine, S., & Walker, K. B. (2012). Managers' Ethical Evaluations of Earnings Management and Its Consequences.

Contemporary Accounting Research, *29*(3), 910-927. doi :10.1111/j.1911-3846.2011.01135.x

Jones, J. J. (1991). Earnings management during import relief investigations. *Journal of Accounting Research*, *29*(2), 193-228.

Jones, T. M., & Ryan, L. (1998). The effect of organizational forces on individual morality: Judgment, moral approbation, and behavior. *Business Ethics Quarterly*, *8*(3), 431-445.

Kanter, R. M. (1977). *Men and women in corporation*. New York : Basic Books.

Klein, A. (2006). *Audit Committee, Board of Director Characteristics, and Earnings Management* (No. 06-42).

Kohlberg, L. (1971). Stages of moral development. *Moral Education*, 23-92.

Labelle, R., Gargouri, R. M., & Francoeur, C. (2009). Ethics, Diversity Management, and Financial Reporting Quality. *Journal of Business Ethics*, *93*(2), 335-353. doi :10.1007/s10551-009-0225-7

Lambert, C., & Sponem, S. (2003). Gouvernance d'entreprise et gestion du résultat - Les contrôleurs de gestion « de l'autre côté du miroir ». Dans *24e congrès de l'AFC*. Louvain-La-Neuve (Belgique).

Lazonick, W., & O'Sullivan, M. (2000). Maximizing shareholder value: a new ideology for corporate governance. *Economy and Society*, *29*(1), 13-35. doi :10.1080/030851400360541

Lee, K., & Ashton, M. C. (2004). Psychometric Properties of the HEXACO Personality Inventory. *Multivariate Behavioral Research*, *39*(2), 329-358. doi :10.1207/s15327906mbr3902

Lee, K., Ashton, M. C., Morrison, D. L., Cordery, J., & Dunlop, P. D. (2008). Predicting integrity with the

HEXACO personality model: Use of self- and observer reports. *Journal of Occupational and Organizational Psychology*, *81*(1), 147-167. doi :10.1348/096317907X195175

Levitt, A. (2008). *The « Numbers Game »*. NYU Center for Law and Business : New-York (NY).

Lubart, T., Caroff, X., Mouchiroud, C., Pereira Da Costa, M., & Zenasni, F. (2011). *Psychologie différentielle* (p. 67). Paris (France) : Presses Universitaires de France.

Mard, Y. (2005). Vers une information comptable plus transparente : l'apport des recherches portant sur la gestion des résultats comptables. Dans *25e congrès de l'AFC*.

Matoussi, H., & Mahfoudh, I. (2006). Composition du conseil d'administration et gestion opportuniste des résultats. Dans *Comptabilité, Contrôle, Audit et Institution(s)*.

Peasnell, K., Pope, P., & Young, S. (2001). *Working Paper Board Monitoring & Earnings Management : Do outside Directors Influence Abnormal Accruals ?* (S.l.) : (s.n.).

Peni, E., & Vähämaa, S. (2010). Female executives and earnings management. *Managerial Finance*, *36*(7), 629-645. doi :10.1108/03074351011050343

Perugini, M., & Leone, L. (2009). Implicit Self-concept and moral action. *Journal of Research in Personality*, *43*(5), 747-754.

Piot, C., & Janin, R. (2004). Qualité de l'audit, gouvernance et gestion du résultat comptable en France. Dans *25e congrès de l'AFC*.

Reuchlin, M. (1964). Domaine et méthodes de la psychologie différentielle. *Enfance*, *17*(1), 39-50.

Rose, J. M. (2006). Corporate Directors and Social Responsibility: Ethics versus Shareholder Value. *Journal of Business Ethics*, *73*(3), 319-331. doi :10.1007/s10551-006-9209-z

Rotter, J. (1966). Generalized expectancies for internal versus external control of reinforcement. *Psychological Monographs: General and applied*, *80*(1), 1-28.

Ruedy, N., Moore, C., Gino, F., & Schweitzer, M. (2013). The cheater's high: The unexpected affective benefits of unethical behavior. *Journal of Personality and Social Psychology*, *105*(4), 531-548. doi :10.1037/a0034231

Saint-Onge, S., & Magnan, M. (2013). Les femmes au sein des conseils d'administration : bilan des connaissances et voies de recherche futures. *Finance Contrôle Stratégie*, *16*(1).

Schwartz, S. H. (2006). Les valeurs de base de la personne : théorie, mesures et applications. *Revue française de sociologie*, *47*(4), 929-968.

Srinidhi, B., Gul, F. A., & Tsui, J. (2011). Female Directors and Earnings Quality. *Contemporary Accounting Research*, *28*(5), 1610-1644. doi :10.1111/j.1911-3846.2011.01071.x

Stepniewski, J., & Souid, S. (2010). Indépendance du Conseil d'Administration et Gestion des Résultats. *La Revue des Sciences de Gestion*, *3-4*(243-244), 35-41.

Stolowy, H., & Breton, G. (2003). La gestion des données comptable : une revue de la littérature. *Comptabilité, Contrôle, Audit*, *9*(1), 125-152.

Strydom, M., & Au Yong, H. H. (2012). The Token Woman. Dans *25th Australian Finance and Banking Conference* (p. 1-27).

Sun, J., Liu, G., & Lan, G. (2010). Does Female Directorship on Independent Audit Committees Constrain Earnings Management? *Journal of Business Ethics*, *99*(3), 369-382. doi :10.1007/s10551-010-0657-0

Teoh, S. H., Wong, T. J., & Rao, G. R. (1998). Are Accruals during Initial Public Offerings Opportunistic? *Review of Accounting Studies*, *3*(1-2), 175-208. doi :10.1023/A:1009688619882

Terjesen, S., Sealy, R., & Singh, V. (2009). Women Directors on Corporate Boards: A Review and Research Agenda. *Corporate Governance: An International Review*, *17*(3), 320-337. doi :10.1111/j.1467-8683.2009.00742.x

Torchia, M., Calabrò, A., & Huse, M. (2011). Women Directors on Corporate Boards: From Tokenism to Critical Mass. *Journal of Business Ethics*, *102*(2), 299-317. doi :10.1007/s10551-011-0815-z

Treviño, L. (1992). Moral Reasoning and Business Ethics: Implications for Research, Education and Management. *Journal of Business Ethics*, *11*(5/6), 445-459. doi :10.1007/BF00870556

Treviño, L., Weaver, G., & Reynolds, S. (2006). Behavioral ethics in organizations: A review. *Journal of management*, *32*(6), 951-990. doi :10.1177/0149206306294258

Vieider, F. (2011). Gender Pairings and Accountability Effects: À Comment.

Walker, L. J. (1984). Sex differences in the development of moral reasoning: A critical review. *Child development*, *55*(3), 677-691. doi :10.2307/1130121

Watts, R. L., & Zimmerman, J. L. (1990). Positive Accounting Theory : A Ten Year Perspective. *The Accounting Review*, *65*(1), 131-156.

Weller, J. A., & Tikir, A. (2011). Predicting domain-specific risk taking with the HEXACO personality structure. *Journal of Behavioral Decision Making*, *24*(2), 180-201. doi :10.1002/bdm.677

Xie, B., Davidson, W. N., & DaDalt, P. J. (2003). Earnings management and corporate governance: the role of the board and the audit committee. *Journal of Corporate Finance*, *9*(3), 295-316. doi :10.1016/S0929-1199(02)00006-8

Yermack, D. (2006). Board Members and Company Value. *Financial Markets and Portfolio Management*, *20*(1), 33-47. doi :10.1007/s11408-006-0003-9

Zimmermann, M.-J. (2009). *Rapport sur la proposition de loi (n°2140) relative à la représentation équilibrée des femmes et des hommes au sein des conseils d'administration et de surveillance et à l'égalité professionnelle*.

IV L'Immoralité de la vie

Guy Chaty

Résumé. *La vie sur terre n'est faite que de constructions et de destructions. Les animaux luttent pour leur survie et celle de leur espèce, au détriment en général d'autres animaux. Les hommes n'échappent pas à ces comportements, ils sont même souvent d'une plus grande cruauté envers eux-mêmes et envers les animaux ; mais ils se trouvent munis d'une conscience d'eux-mêmes et ont inventé une "morale", qui enjoint aux humains de résister à cette "immoralité de la vie", en particulier en défendant les plus faibles.*

Les hommes sont de plus munis d'une intelligence qui leur permet de comprendre un peu l'univers et d'augmenter sans cesse leur connaissance scientifique. Les effets de la technoscience donnent alors aux machines un rôle de plus en plus grand

Ils disposent donc de deux manières de s'éloigner de la "nature". L'une, positive, qui pousse les hommes à se mieux connaître et à modifier leurs comportements ; l'autre aux caractères de prospective, mais aux aspects qui peuvent apparaître dangereux pour l'idée d'humanité.

Jusqu'où est-il bon de s'éloigner de cette nature vivante et cruelle ? Va-t-on vers la disparition de l'homme évoluant vers un être machinal ?

En tout cas, un rapprochement de l'homme vers la nature, qui ne soit pas nécessairement en contradiction avec ces éloignements, peut redonner un sens à l'humain.

Éloignement et rapprochement positifs permettraient à l'homme de faire face à l'immoralité de la vie en tant qu'être vivant et conscient, en devenir.

Ces questions du rapport de l'homme et de la nature ont intéressé nombre de philosophes et de scientifiques à travers les siècles. Je souhaite ici simplement donner mes réflexions personnelles, forcément nourries de différentes philosophies et apports scientifiques, mais centrées sur cette question centrale : **que peut-on attendre de la vie, qui contient en elle-même, dès le début, des forces de destruction et de construction ?** Comment maîtriser ces forces ?
Je pourrai faire quelques allusions à certains philosophes. Certaines réflexions seront répétées suivant des angles différents.

I. La vie

D'un point de vue humain, la vie peut apparaître comme intrinsèquement mauvaise parce qu'elle est souvent un processus de constructions par destructions, parfois entremêlées. Elle n'est faite que de luttes.
Et ceci à cause des principes mêmes qui la caractérisent. Rappelons-les.

La vie est un phénomène prodigieux de lutte contre l'entropie croissante, c'est-à-dire la dégénérescence de toute énergie en chaleur. *« Si le monde vivant...se dirige non pas vers le désordre, mais vers un ordre croissant, c'est grâce à cette exigence imposée aux êtres vivants de se reproduire toujours plus, toujours mieux.* [1] *»*
C'est vrai pour les plantes et les animaux.
Chaque individu d'une espèce animale défend son espèce

1) *La logique du vivant*, François Jacob, Gallimard 1970.

par la reproduction, et l'élevage des petits. Pour cela il a besoin de se défendre lui-même et d'acquérir de l'énergie en détruisant des individus d'autres espèces.
Beaucoup d'animaux se tuent et se mangent entre eux. Chacun a besoin pour survivre d'un élément plus faible d'une autre espèce pour s'en nourrir ; rarement de la même espèce, sauf parfois si cet élément est un cadavre, car il existe une certaine "solidarité" à l'intérieur de l'espèce.
C'est vrai pour l'homme en tant qu'animal exploitant et mangeant d'autres animaux.

Le but de la vie est donc : se maintenir et se reproduire. Ce principe conduit "la vie" à accroître ses chances de survie. D'où la sexualité et la complexification. Si les diplodocus n'avaient pas disparu, ils auraient sans doute évolué vers plus d'intelligence suivant ce principe de complexification. Quelle est cette force étrange aussi mystérieuse que la gravitation et peut-être liée à elle ? Quelle théorie physique nous l'apprendra ? C'est une autre question...
Au sujet de ces deux aspects apparemment contradictoires de la vie : construction, destruction, on peut penser aux philosophes qui ont étudié les contradictions : Friedrich Engels, Karl Marx, Stéphane Lupasco, Edgar Morin, Basarab Nicolescu.

Nous distinguerons "la vie" en tant que force, et "la nature" ensemble des productions de la vie, végétaux et animaux.
La vie invente depuis des milliards d'années des multitudes d'espèces. Les plantes succèdent aux plantes, apparaissent les animaux. Les espèces succèdent aux espèces, se croisent, se chevauchent, disparaissent ou s'adaptent en évoluant, sortent de l'eau et volent, s'enfoncent dans les océans, courent sur la terre ou dans les arbres.

Si ça tient, ça marche. Dans son évolution et son état actuel, la nature offre un spectacle fantastique des relations entre végétaux et animaux fortement imbriqués pour leur survie.
Et chaque espèce créée cherche à se maintenir. Elle s'adapte tant qu'elle peut, soumise aux variations de climats et aux catastrophes naturelles, en sélectionnant les plus forts – ce qui du point de vue de la morale humaine n'est pas très "généreux" - et en se modifiant suivant les conditions du lieu de vie. Au besoin, l'espèce évolue.
Au sein d'une même espèce il y a entente et solidarité pour la survie : recherche de la nourriture en particulier la chasse, protection des enfants... De même au sein d'un même groupe. L'habitude fortifie l'instinct social. Ainsi est apparue la "morale" (voir Morale).
Chaque espèce a une organisation pour survivre. Celle des fourmis n'est pas celle des hommes. (Voir Organisation)

Parfois il y a contradiction entre se maintenir et se reproduire, comme on le verra plus précisément dans la partie "Reproduction".
Au sein d'un individu autonome et complexe, la lutte se poursuit entre cellules. Pour assurer la survie du corps, celui-ci se renouvelle par la reproduction des cellules et la mort de certaines cellules. Parfois, le "programme" défaille: d'où maladie ou mort du corps tout entier.
Le programme lui-même prévoit la mort du corps tout entier, comme une nécessité de l'évolution - ce qui du point de vue humain est assez déplorable et révoltant. Mais la nature a fait ça comme ça : « *la vie est une production de l'organisation des cellules*[2] ». Ensuite l'homme est apparu avec sa conscience : « *l'esprit est une*

---

2) *La logique du vivant*, François Jacob, op. cit.

production de l'organisation du cerveau[3] ». Et l'homme a dû supporter cette mort !
Certaines plantes ont droit, elles, à un endormissement saisonnier, mais finissent aussi par mourir.

On retrouve ce principe de construction pas destruction chez les hommes mais l'espèce humaine a ceci de particulier que les individus se détruisent entre eux à l'intérieur de l'espèce pour la conquête des territoires et des ressources, en accroissant dans ce but leur puissance technologique.
De plus, nombre d'individus dans les sociétés modernes ont perdu le respect de la nature et de tout ce qui la compose, qui existait souvent et existe encore dans les sociétés dites primitives. Ces individus considèrent la nature uniquement dans le sens de leur intérêt et exploitent sans discernement la terre, les végétaux et les animaux. L'espèce humaine est la seule espèce qui a asservi à ce point les autres espèces animales dans l'élevage, la consommation de lait, de viande et de cuir. Que ce soit dans la manière de transporter les animaux, de les faire se reproduire et de les tuer, la plupart des acteurs humains manifestent un mépris souverain à l'égard de l'animal[4]. Élisabeth de Fontenay[5] a étudié soigneusement la position des philosophes anciens et modernes quant à l'acte de tuer et de manger les animaux qui exigeaient un respect ou un pardon.
Mais une autre originalité de l'espèce humaine est, pour une partie de ses membres, de s'indigner devant certains aspects de ce principe destructeur de la vie, et par exemple

3) *La logique du vivant*, François Jacob, op. cit.
4) Guy Chaty, « L'animal notre chose », revue *Saraswati* n° et site Silvaine Arabo
5) In *Le Silence des bêtes*, Fayard, 1998

de défendre les plus faibles.
La perception de ces deux aspects de la vie : construction, destruction, pour chaque homme – au sens générique - pris individuellement, dépend de l'âge. Quand la personne est jeune, elle est dominée par l'explosion de la vie qui est en elle, même dans les passages difficiles. Le garçon est pris par cette tumescence permanente entre ses jambes, la fille est sollicitée par l'appel biologique en son intérieur, ils doivent maîtriser ces pulsions positives de la vie et les sublimer en préparation professionnelle et activités sportives ou artistiques, dans le but de survivre. Quand la personne prend de l'âge, ses facultés créatrices peuvent s'épanouir, mais elle vit davantage les destructions de son corps et se penche alors sur les aspects destructeurs de la vie.
Collectivement, les jeunes générations ont la force de vouloir changer le monde et ignorent souvent les erreurs du passé, les plus vieilles s'accrochent à ce monde qu'elles ont contribué à fabriquer. Et le monde "avance" en cahotant avec peu de progrès moral visible.

II. Morale, le bien et le mal

La morale a peut-être été inspirée à l'homme par le comportement solidaire des animaux comme le pensent certains philosophes modernes[6], contrairement à des classiques tels Kant.
Puis elle a inclus la défense du plus faible, que l'on peut trouver, mais rarement, chez les animaux. Cette défense du plus faible a été exaltée historiquement par un homme célèbre, appelé Christ. Les représentants des religions du livre ne s'y intéressent pas fondamentalement en dehors

6) Pierre Kropotkine, *L'éthique,* Éditions Tops/Trinquier, 2002

des paroles, sauf certaines personnalités qui y consacrent leur vie.
Le bien et le mal, concepts moraux, sont étroitement mêlés et parfois on ne peut pas les distinguer clairement : un bien peut sortir d'un mal et réciproquement.
On peut dire qu'il en est de même avec le principe constructeur et le principe destructeur de la vie, indissociablement liés. On serait tenté de dire que le bien correspond au premier et le mal au deuxième. Ainsi la lionne doit nourrir ses petits, c'est bien, et pour cela tuer les antilopes, c'est mal. Au paradis perdu, les lions étaient végétariens.
Le mal a été souvent associé au diable. Il faut reconnaître que l'homme a un penchant pour les situations "diaboliques" que ce soit au cinéma, au théâtre, en littérature ou dans la vie quotidienne : elles lui paraissent plus excitantes et variées. Au paradis, on doit s'ennuyer.
Le mal peut s'incarner dans des êtres qui ont la volonté de nuire. Mais aussi dans des hommes banals, comme Eichmann, petit fonctionnaire ambitieux et zélé, entièrement soumis à l'autorité. Hannah Ahrendt l'a pris comme exemple pour illustrer son concept de « *banalité du mal* ». Le pire mal peut être accompli, dans un régime totalitaire, par des individus incapables de « penser » par eux-mêmes - c'est-à-dire s'interroger sur soi, sur ses actes, sur la norme. L'inhumain couve en chacun de nous et peut se manifester dans des circonstances particulières, où l'on empêche les individus de penser, même si cet empêchement est insidieux : les exemples sont dans l'actualité de nos sociétés.
D'autres philosophes se sont posé la question : "Comment un homme ordinaire peut-il devenir un meurtrier sanguinaire ? ". Il est certain que les institutions et les lois d'une société influencent le comportement de chaque

individu et peuvent augmenter ou diminuer le risque qu'il devienne un danger pour les autres.
Le fondement de toute morale est basé sur le respect de l'autre ; toute morale pourrait en fait se résumer à cette exigence.
En fait partie, le respect de la femme en toute circonstance. À ce sujet, le viol est un des sommets de l'immoralité comme nous le verrons plus loin, dans la partie "L'homme".

Autrefois, dans nos sociétés, la morale était fondée sur Dieu. Puis l'idée que l'homme était responsable de lui-même est apparue, même dans la fabrique de l'Histoire. Ce qui a jeté le trouble dans les comportements.

Une autre forme de mal est apparue récemment dans l'utilisation des ordinateurs, qui relève de la tendance individualiste et égoïste de l'être humain : le trading, qui consiste à multiplier les gains en jouant plusieurs milliers de fois par secondes sur d'infimes écarts de prix, provoquant krachs, faillites, récession, chômages, famines...[7] Seules des lois peuvent empêcher de tels comportements.

III. Reproduction

La vie a fait preuve d'une incroyable imagination pour inventer différentes formes de reproduction. Pour les plantes, elle s'est servie d'éléments naturels comme le vent et même d'êtres vivants comme les insectes. Parfois la fleur est un leurre femelle pour un insecte mâle qui vient copuler et transporter ainsi le pollen.

---

7) Sniper, *6,* édition Zones sensibles.

L'invention des deux sexes sera un progrès énorme pour la diversité.
On peut relever l'incroyable gâchis de matériel de reproduction, comme les spermatozoïdes pour augmenter les chances de reproduction : la vie ne recule pas devant la dépense.
Elle a eu la précaution pour protéger l'œuf de le faire passer, pour les mammifères, à l'intérieur du corps de la femelle.
La nécessité de la reproduction étant posée, il est curieux d'observer chez les êtres bisexués une certaine difficulté à la réaliser. On notera déjà la dissymétrie entre mâle et femelle.
Bien que les mâles ne s'intéressent aux femelles que si celles-ci sont prêtes biologiquement à le recevoir – nous ne parlons pas pour l'instant de l'espèce humaine – l'accouplement de certains animaux s'apparente parfois, pour notre perception humaine, à un viol.
Tout d'abord, même prête, la femelle craint le mâle et souvent le fuit quand il se présente. Ce phénomène a plusieurs explications :

- tout être vivant se méfie d'un autre qui pourrait attenter à sa vie. La femelle doit d'abord reconnaître qu'il s'agit d'un mâle de son espèce.
- La femelle participe à la sélection du plus fort pour engendrer ses petits. Le mâle, après avoir éliminé les rivaux, doit montrer qu'il est puissant et peut dominer la femelle, en particulier en la poursuivant et en la rattrapant. C'est le plus fort qui l'ensemence.
- La course et l'accouplement lui-même participent parfois au déclenchement de l'ovulation et ne sont pas forcément agréables ; exemple : le chat. Curieuse invention de la vie !

Chez le mâle, ce qui semble dominer dans son

comportement est la pulsion irrésistible. Mais il doit souvent faire un travail d'approche pour "séduire" la femelle d'où les parures souvent colorées du mâle et la danse nuptiale. Cependant dans ce domaine comme d'autres la nature a tout essayé : il existe des oiseaux femelles à la parure attirante.
D'autre part, il semblerait que chez certaines espèces, ce sont en fait les femelles qui, par une tactique subtile, choisiraient leur partenaire. Il en serait ainsi chez les éléphants.

Pour certaines catégories supérieures, l'accouplement semble parfois difficile. L'étalon, ou le chien, par exemple, semble à la fois jouir et souffrir de cette pulsion : il court frénétiquement vers la résolution en poussant des petits cris. Parfois, il ne réussit pas à placer son pénis convenablement pour réussir la fécondation, et doit faire plusieurs tentatives. Il lui arrive d'échouer. L'éleveur, quand il s'agit d'animaux domestiqués, peut l'assister.
Les insuffisances sexuelles qui existent chez l'animal – surtout domestiqué - préfigurent celles de l'homme-mâle en proie aux inhibitions. On ne peut parler d'un psychisme animal mais l'animal n'est pas une mécanique.
On notera que pour ces catégories : cheval, chien..., le travail d'approche est en général simplifié : les préliminaires de l'accouplement sont brefs et celui-ci dure peu de temps en général. On peut déceler chez ces animaux des différences dans l'importance du travail d'approche et définir ainsi une "qualité" – du point de vue humain – du rapport sexuel.
Cette difficulté du rapport sexuel apparaît moins pour les singes ou les cerfs, qui s'accouplent sans faire trop d'histoires, une fois réalisée la sélection de l'élu.
Quant à la femelle de tous ces animaux, même quand elle

est disposée à "recevoir" le mâle, elle semble subir l'assaut de celui-ci et, apparemment, peu en jouir.
Pour ce qui est de la sélection d'un mâle le plus apte à assurer une bonne progéniture, on peut noter des contradictions aberrantes de la nature : certains lions tuent les petits de la lionne pour que celle-ci accepte ensuite leur semence.
D'autres phénomènes peuvent sembler contradictoires mais ce ne sont que les impératifs de la vie, maintien en vie, protection des petits... qui entrent en conflit. Par exemple la mère hamsters ou souris peut être amenée à manger certains de ses petits pour survivre grâce à l'apport de protéines, ou parce qu'ils sont malades ou trop faibles, ou parce qu'elle n'a pas assez de lait...Elle peut tuer simplement un ou plusieurs petits en les étouffant, surtout lors de la première portée.
L'araignée femelle aussi peut manger ses petits... et être mangée par eux ! Un oiseau peut abandonner ses petits pour suivre la migration...

Il est à noter que certains comportements de domination chez les animaux dans les groupes ou les troupeaux se traduisent par une simulation de l'acte sexuel, par exemple chez les singes et les vaches.

IV. L'homme

L'homme ne naît pas fini. C'est ce qui le distingue des autres animaux, et l'avantage : son cerveau peut davantage se développer. C'est un être faible qui a besoin longtemps des autres pour survivre : ce qui lui permettra d'apprendre tout le long de sa croissance lente. Dès son entrée au monde, il est soumis à la dureté de celui-ci, contrastant avec la chaleur du ventre de la mère : il crie. Il doit être réchauffé et nourri. Regardons un bébé : il passe par des phases de souffrances dues à la faim, aux coliques... et de bonheur, il sourit rassasié et heureux de voir des visages. Il connaît vite ces 2 états qui peuvent se résumer, en "bien" et en "mal". Ce n'est pas étonnant que par la suite il aspire à un état constant de bien-être que certains appelleront Dieu. Ils iront même jusqu'à penser qu'après la mort ils connaîtront enfin cet état de bien-être absolu.

Je souffre, j'ai mal. La souffrance physique est synonyme de mal ; pour exorciser le mal, le rendre positif, la religion conduit l'homme à prendre cette souffrance pour un bien : celle-ci sert à expier les péchés, elle rapproche de Dieu. Certains saints y trouvent de la jouissance. C'est le cas aussi de sujets particulièrement masochistes, pour lesquels la souffrance – une certaine souffrance recherchée - vire au bien. Cela pose d'ailleurs le problème de savoir s'il faut empêcher ou punir certains actes infligés au prochain[8].
En revanche, dans nos sociétés tournées vers l'hédonisme - la recherche du bonheur - associé au bien, la souffrance physique est en général combattue. Lorsque l'individu est proche de la mort, le but ultime est de l'empêcher de souffrir. Le principe destructeur ayant globalement triomphé, il s'agit de détruire les avatars qu'il exerce encore sur le vivant, en supprimant ce vivant. C'est une piètre victoire, mais bien consolante.
Quant à la souffrance morale, elle est en partie inhérente à la condition humaine. Il existe différents moyens pour l'atténuer et même parfois la supprimer : deuil, création, psychanalyse et, plus radicalement, suicide.

L'homme est un animal au psychisme développé, qui a des

---

8) Jacques Delga, *Sexualité, libertinage, échangisme et droit*, L'Harmattan 2012, p.69

possibilités accrues de la conscience de soi, par rapport aux autres animaux, mais il reste soumis au principe intrinsèquement immoral de la vie. Comme nous l'avons déjà remarqué, par certains comportements il diminue les effets de ce principe, par d'autres il les amplifie.
Le psychisme complexe de l'homme l'entraîne dans certaines voies. D'une part, il a intérêt à s'occuper de l'autre, car une partie de lui-même a peur de représailles et une autre partie considère l'autre comme une projection de lui-même, éprouve donc de la compassion à son égard et le désir de le protéger.
Mais d'autre part, l'homme considère souvent l'autre comme un ennemi, dès sa naissance, par exemple dans la jalousie des frères par rapport à la mère ou plus tard quand l'autre, trop proche de lui, lui est insupportable ; et cela peut prendre des dimensions destructrices.
Et cela l'entraîne à jouir de toute domination qu'il peut avoir sur ses semblables. (voir plus loin le cas particulier de la domination par le sexe).
Le cas extrême est celui de la torture. Un homme peut vouloir traiter l'autre jusqu'à l'humilier le plus possible et le faire disparaître en tant qu'être humain. Il exprime ce résultat en nommant l'autre alors d'un nom d'animal : porc, par exemple.

Pour lutter contre l'angoisse de la condition humaine, tenter de répondre aux questions qui l'obsèdent et l'oppressent, essayer d'expliquer les malheurs qui l'assaillent et si possible les éviter, l'homme a construit des mythes, croyances et superstitions.
Et grandiose conquête, l'homme a inventé l'humour qui lui permet d'établir une distance par rapport à la réalité et lui fournit une grande richesse d'imaginaire et d'expression. C'est une forme de survie et même de vie.

En ce qui concerne les mécanismes de reproduction, il est intéressant de situer l'homme par rapport à l'animal.
D'abord, deux différences fondamentales entre l'homme et les autres mammifères. La femme peut, si elle le désire, avoir un rapport sexuel avec l'homme, sans qu'elle soit dans une période de fécondation.
L'homme peut vouloir avoir un rapport avec la femme, sans que celle-ci le désire. Le viol, comme on le verra, est très répandu chez les humains ; c'est souvent un tabou.

Il est difficile, en ce domaine de parler de l'homme en général. En particulier, l'attitude de l'homme-mâle envers la femme dépend de l'évolution de la société et, à l'intérieur de chaque société, du stade d'avancement culturel et de maîtrise de l'individu homme-mâle.
Et la sexualité de l'homme-mâle est, en général, différente de celle de la femme[9]. « *La femme donne à sa sexualité un caractère plus complexe, plus spiritualisé que le simple désir de libération d'une tension sexuelle...Elle a besoin davantage de temps pour que son désir prenne de l'amplitude...* »
On peut déjà noter que la recherche des partenaires chez les humains a des analogies avec celle des animaux. Mais, au-delà de la dimension biologique, l'ethnologie montre, dans les sociétés primitives, l'apparition de règles sociales pour le mariage évitant la consanguinité et permettant l'enrichissement de la tribu.
L'attraction inconsciente entre deux humains de sexes opposés n'est pas encore entièrement élucidée ; on peut penser que l'homme-mâle recherche une femme susceptible de lui donner des enfants solides et que dans

---

9) Jacques Delga, *Sexualité, libertinage, échangisme et droit,* L'harmattan 2012, p.29

les sociétés où la femme n'a pas conquis une place égale à l'homme, la quête d'un géniteur va être influencée par la capacité supposée de celui-ci de contribuer à engendrer de beaux-enfants et à assurer la vie familiale.
L'évolution culturelle des sociétés, tendant à promouvoir et faciliter les rapports sexuels sans but de procréation, diminue sans doute ces motifs d'attraction, mais il en reste certainement des traces.
Le rôle de la femme et son plaisir sont reconnus davantage aujourd'hui, mais hélas pas dans toutes les sociétés.
D'autre part, l'homosexualité – qui n'est pas réservée à l'humanité – est de plus en plus acceptée, ainsi que la transsexualité.

Dans nos sociétés fortement influencées par les religions du livre, on a peur de la sexualité. Ainsi, on préfère montrer aux enfants des fauves qui pourchassent et tuent de gracieuses antilopes puis dévorent leurs chairs sanguinolentes plutôt que de beaux accouplements. L'expression de la vie par la mort de l'autre semble plus présentable que l'expression de la vie par l'instinct sexuel ! La pornographie n'est pas là où certains la voient !

La conquête du pouvoir chez les hommes a des ressemblances évidentes avec celle des animaux mammifères. Entre autres, elle a parmi ses buts la conquête des femelles !

Certains comportements de l'homme sont qualifiés d'humains pour souligner leur éloignement de l'animalité. Il serait bon parfois, pour que des comportements soient plus "humains", qu'ils s'inspirent au contraire de l'animal. Dans plusieurs domaines, un comportement humain est un dépassement du comportement animal, mais en intégrant

celui-ci.
C'est le cas pour la sexualité.
Dans un rapport sexuel animal, il y a souvent cour et approche des partenaires, et violence impérieuse de l'instinct. L'homme-mâle peut prendre un raccourci en ce qui concerne le premier aspect, et c'est le viol. Il peut vouloir éviter absolument le deuxième aspect, et c'est la sublimation.
L'homme-mâle doit à la fois faire sa cour et vivre la violence de l'instinct. Se sentir animal pour aller au-delà est une conduite humaine. De même pour la femme qui se réalise souvent en séduisant.
Le désir peut être une souffrance mais aussi et surtout un bonheur, s'il est partagé. Et c'est en cela que l'homme se distingue des autres animaux, bien que le comportement de certains singes manifeste ce partage.

Pour bien montrer que le comportement du mâle humain est souvent moins "humain" que celui du mâle animal, examinons les manifestations, et leurs conséquences, du désir mâle dans l'espèce humaine de nos sociétés dites civilisées.
Celui-ci pouvant se manifester à n'importe quel moment, de même que le désir féminin, en dehors de tout cycle de reproduction, et n'ayant pas pour but la reproduction mais seulement la satisfaction du désir, il en résulte de nombreuses atteintes par le mâle à la vie de femmes de tout âge, en toutes circonstances ainsi que, en moindre part, des atteintes par la femme à la vie des mâles, voire même des atteintes à la vie de l'enfant par les deux sexes.
Ce que l'on sait, ce qui filtre est la partie visible de l'iceberg. Il y a des manifestations bien acceptées - bien que parfois elles relèvent de l'irrépressibilité du désir mâle, non maîtrisé. Parfois, la femme, au début de sa vie de

femme, tout en étant peu encline à l'échange sexuel, peut être émue par le degré du désir de l'homme et finalement consentante. Les hommes qui ont ressenti cette irrépressibilité pourraient témoigner mais ils s'en gardent bien : ils consentent à être des chauds lapins - ils en sont fiers - mais qui garderaient la maîtrise ; pas des anormaux, des obsédés. La raideur de leur attitude cache celle de leur pénis.

Il y a des manifestations mal acceptées, rejetées mais imposées. Elles sont fréquentes, quoiqu'on en dise : viols incestueux et autres, tentatives des "chefs", acceptées parfois s'il y a intérêt, comme le droit de cuissage.

On commence à en parler aujourd'hui, dans le cadre de la défense de l'enfance et du "harcèlement sexuel", mais il règne encore une acceptation non reconnue, non regardée en face, des manifestations du désir mâle.

Le viol est parfois peu sanctionné, de plus il est souvent caché car difficile à avouer et l'aveu à être entendu, en particulier dans les familles où sévissent des complicités qui peuvent être inconscientes. Une femme qui a le courage de le dénoncer est suspectée fréquemment d'avoir eu une attitude aguichante - ce qui d'ailleurs n'excuserait pas cet acte criminel.

De plus, on a utilisé, et on utilise, le désir mâle comme une arme de guerre au service du nationalisme dans différents pays ! Il n'est plus honteux, mais utile. On avait déjà fait le rapprochement entre fusil, revolver et pénis, ici il s'agit davantage que d'un rapprochement : d'un moyen ! En détruisant son sentiment d'intégrité et d'appartenance, on anéantit la victime et son psychisme.

Quelle régression, même par rapport à l'animal ! Rappelons que le mâle animal ne s'intéresse à la femelle que si celle-ci est dans la période réceptive et donc si elle

l'accepte, même parfois en rechignant (voir les raisons plus haut).
On pourrait avancer l'idée que le viol chez les humains est une déviation non maîtrisée de la domination nécessaire du mâle sur les femelles chez les autres animaux, étant donné les circonstances de la reproduction animale non humaine. Comme si cette domination avait laissé une trace "regrettable" chez l'homme-mâle. (souvenons-nous que chez l'animal les comportements de domination ont des traits communs avec l'accouplement).
Le psychisme de l'homme l'entraîne à jouir en général de sa domination sur les autres, et cette domination sexuelle semble être pour certains hommes la plus jouissive.
La prise de conscience de ces dérives, pour s'en défaire, constituerait un progrès moral de l'humain.

Même du point de vue de la "séduction" on peut avancer quelques considérations sur cette régression. Le séducteur humain mâle se comporte souvent comme un menteur : il fait des promesses à la femme qu'il veut posséder mais souvent ne les tient pas. L'animal mâle se donne entièrement dans la séduction et tient les "promesses" conformément aux rites de son espèce : il ne ment pas. Cependant le séducteur humain mâle a souvent bonne presse : c'est un "bon vivant", au sens plein du terme. On pourra dire qu'il est "coureur", ce défaut peut être pris pour un compliment. En revanche, la femme qui a un penchant pour les séductions successives est une "putain". Ce déséquilibre tend heureusement à disparaître dans nos sociétés, où les religions à tendance intégriste n'imposent plus complètement leur point de vue.

Il peut sembler un progrès pour l'homme de s'éloigner de

l'animalité.
Considérons l'insémination artificielle pratiquée sur les humains : c'est une rupture avec l'animalité des rapports naturels. (Nous ne parlons pas ici de l'insémination artificielle pratiquée chez l'animal par l'homme : celui-ci domine l'animal jusqu'à lui faire perdre sa propre animalité ; voir plus haut).
La fécondation "naturelle" chez l'homme, comme chez l'animal, dépasse la mécanique des sexes. Le père n'est pas que le père-sperme et la mère que la mère-ventre. Le père doit pénétrer au centre-ventre de la femme. Pour y réussir, il doit se faire accepter dans un sanctuaire, conquérir un territoire caché. Pour l'animal dans son milieu naturel, ce n'est pas facile. Pour l'homme, naturellement et culturellement, encore moins.
À trop compter sur l'insémination artificielle n'y a-t-il pas illusion de maîtrise du corps humain et risque de perte de sens ? Sans doute, devrait-elle être réservée aux cas difficiles de procréation. En tout cas la PMA (Procréation Médicalement Assistée) et la GPA (Grossesse par autrui) posent des problèmes variés : adoption des enfants, connaissance des géniteurs.... L'attitude d'un biologiste comme Jacques Testard est à relever, qui prône "*l'assistance conviviale à la procréation*" au service de l'enfant, hors de la main mise du corps médical et veillant à la non-commercialisation des services d'assistance[10].
Plus généralement, la manipulation génétique fait partie du processus de "mécanisation" ou "machinalisation" de l'humain.

10) Jacques Testard, *Le Monde* du 8 février 2013.

V. Organisation

Comme nous l'avons évoqué, chaque espèce a son organisation.
Celle des fourmis est remarquable : chacune a un rôle dans la société et s'y tient. En route, la machinerie. Mais, de notre point de vue, certains membres peuvent être considérés comme des esclaves.
Les abeilles s'affairent et dans leurs ruches tuent les mâles: ne parlons pas de moralité. On a déjà vu que les instincts pouvaient entrer en conflit.

D'une manière générale, chez les animaux évolués, la tendance est, comme on l'a déjà noté, pour chacun, chercher à survivre pour lui-même : définition d'un territoire, lutte pour la nourriture ; pour tous : se constituer en couple pour élever les petits et les défendre contre les prédateurs. L'impératif souvent pour vivre : se constituer en groupes, en meutes, pour la chasse. La recherche d'un dominant pour un groupe se fait dans l'intérêt du groupe, même si le dominant "élu" en tire des avantages personnels.... Le but plus lointain étant de sauvegarder l'espèce.
Les primates végétariens vivaient en familles et en petits groupes car la nourriture était facile à attraper et abondante. À l'intérieur d'une famille, la hiérarchie était forte ; un mâle dominait jusqu'à ce qu'il soit détrôné par un plus jeune mais la coopération existait entre les membres d'une même famille et entre les groupes.
Les animaux carnivores se sont mis à vivre en bandes chacune défendant son territoire.

L'homme apparaît lentement primate évolué. Tout nu il doit devenir de plus en plus intelligent pour survivre,

s'habiller, se nourrir. L'enfant vit un long temps où son cerveau grandit et où il peut apprendre ce que savent les adultes sur les techniques et les armes. L'homme sait résoudre les conflits internes dans le groupe social mais devient agressif envers les groupes rivaux.
Quand l'homme apparaît, le monde est menaçant par ses froids et ses fauves. Les humains mâles doivent chasser ensemble, les femelles restent au camp protégeant les enfants. Les mâles prônent la fidélité (qui existait déjà chez certains animaux) pour garder leur femelle. Le couple se renforce.
Les hommes se souviennent de la solidarité des animaux et l'appliquent à leur profit.

Parmi les animaux c'est l'homme qui a le plus conscience de sa vie et de sa mort. Pour lutter contre l'angoisse des ténèbres, des dangers, de sa fin, il invente les dieux puis se distingue encore en défendant - parfois - les faibles, se dresse contre l'évolution et le triomphe du plus fort.
Du coup, la nature lui apparaît immorale. Quoi ! On vient sur terre pour disparaître c'est inadmissible. Quoi ! Quand on regarde la vie, c'est toujours la mort qu'on voit. Le lion dévore l'antilope, le serpent avale sa proie, le chat joue avec les souris avant de les tuer....Quoi ! Le mâle pour procréer soumet parfois violemment la femelle.
Alors l'homme invente le paradis terrestre où vivent en bonne harmonie fauves et bisons, loups et agneaux.
Mais l'homme se raisonne et philosophe. Il comprend mieux la vie et son inexorable caractère violent. L'évolution nécessite la mort. La survie d'un corps vivant est basée sur la reproduction de cellules et la mort d'autres cellules.

En ce qui concerne l'organisation, depuis qu'il existe en

nombre de plus en plus grand, l'homme a toujours eu du mal à s'organiser pour vivre ensemble et en paix. Il obéit aux tendances ci-dessus des animaux évolués, ayant hérité des primates végétariens et des animaux carnivores, et développé leurs "mauvais" penchants, mauvais du point de vue de la morale.
L'autre est toujours un ennemi potentiel ; il faut se mettre en couple pour élever les petits ; il faut se grouper pour se défendre : bandes, tribus, nations, communautés... Les hommes se battent entre eux pour la conquête de territoires et de ressources.
Dans nos sociétés occidentales, la compétition est valorisée dès le plus jeune âge. À l'école puis au lycée, il faut être meilleur que le voisin. Les notions dominant-dominé présentes chez les animaux non humains se retrouvent chez l'homme.
L'enfance n'est pas comme le croient certains le temps de l'innocence. L'enfant porte avec lui la volonté vitale de faire triompher immédiatement ses besoins et ses désirs. L'éducation doit l'amener à intégrer que tout ne lui est pas permis, qu'il ne pourra satisfaire tous ses désirs : hélas, beaucoup de parents ne savent pas enseigner le "manque" et sauvegarder chez l'enfant la capacité de désirs qui lui permettra plus tard de savoir faire des efforts pour réaliser des projets. Ils ne savent pas apprendre l'enfant à vivre avec les autres en les respectant.
Un enfant très vivant et agressif est un bon exemple de manifestation "constructive" pouvant déboucher sur un comportement destructif.

D'une manière générale, l'Histoire humaine est une suite d'alliances, de trahisons, de luttes et de guerres à une échelle de plus en plus grande.
Le 20e siècle a produit les excès de violence que nous

connaissons.
Freud était déjà pessimiste avant la Deuxième Guerre mondiale : « *on ne peut se dispenser de la domination de la masse par une minorité, car les masses sont inertes et dépourvues de discernement, elles n'aiment pas le renoncement pulsionnel, ne peuvent être convaincues par des arguments que celui-ci est inévitable, et les individus qui les composent se confortent mutuellement en donnant libre cours à leur dérèglement. Seule l'influence d'individus exemplaires, qu'ils reconnaissent comme leurs meneurs, peut les amener à des prestations de travail et à des renonciations dont dépend l'existence de la culture.* [11] »

Plus insidieusement, aujourd'hui, l'économie mondialisée, loin d'être conduite par la rationalité, favorise la naissance et le maintien de groupes de pouvoirs exploitant les plus faibles en entraînant le gâchis des ressources naturelles et l'apparition de techniques dangereuses.
Le capitalisme, issu de la tendance chez l'homme à faire des réserves, tel l'écureuil, puis à faire fructifier ces réserves, a développé outrageusement ces tendances. Il a favorisé les "valeurs" d'agressivité pour aboutir au libéralisme sans frein où la vertu primordiale d'une grande entreprise est d'écraser les autres ou de les absorber.
Les multinationales ont conquis le monde de la finance et imposent leurs lois. Dans les pays en voie de développement comme l'Afrique, elles conduisent les peuples à s'opposer entre eux, les guerres se développent, le terrorisme entre en action. Les états déclenchent des actions tardives pour lutter contre les terroristes sans réfléchir aux causes profondes.

---

11) *L'avenir d'une illusion,* PUF 2004

Les marchands d'armes favorisent ou déclenchent des conflits.
Des hommes utilisent les religions pour asseoir leur pouvoir.
L'organisation humaine fait souvent apparaître des couches d'esclaves.

La vie explose sans cesse dans toute son immoralité.
Des individus isolés ou en groupes luttent contre cette tendance qui s'affirme. Ils sont les témoins de cette part d'humanité en eux qui s'élève contre le principe destructeur de la vie.

VI. Éloignement rapprochement Homme-Nature

S'éloigner de la nature est un progrès quand il s'agit de la conquête de l'humanité, par exemple pour la défense des faibles.
S'en éloigner dans certains cas, comme pour l'insémination artificielle, ou plus généralement par l'utilisation des machines semble mauvais pour l'histoire de l'humanité.
L'utilisation des machines dans l'ordre biologique tend vers une disparition de l'homme en tant qu'être autonome.
Dans la conquête d'autres planètes, la machine sera prépondérante. Où sera alors l'esprit humain ?
Mais il est des éloignements qui sont positifs et constitue en fait un rapprochement, une réconciliation avec la nature: ne plus manger d'animaux par exemple. Ce qui nous amène à utiliser une nourriture "chimique" de synthèse, qui cette fois pose des problèmes de santé.
Il est des évolutions particulières de l'humanité. La fécondation étant souvent possible chez la femme, la population mondiale a considérablement augmenté,

d'autant plus que les hommes ont lutté contre les "défauts" de la nature, par exemple la mortalité des nouveau-nés.
Cet éloignement de la nature en demande un autre : réduire le nombre d'enfants par femme. Sinon, la terre ne pourra supporter un trop grand nombre d'individus.

VII. Dépassement de soi-même

L'art, la philosophie, la science sont des aspects positifs de la manifestation de la vie. Ils permettent de donner à des instants de la vie humaine une dimension qui dépasse celle de la réalité banale.
Malraux l'a bien montré pour l'art, qui est une constante de toute l'histoire de l'humanité. La contemplation des œuvres d'art peut provoquer une émotion profonde qui peut aller jusqu'à la commotion. Il en est de même des œuvres littéraires.
La poésie est pour certains un refuge, une consolation et parfois la seule raison de vivre. Elle est liée à la méditation qui est une manière, tout en prenant assise sur le réel, de donner une dimension plus grande à son sentiment d'être. Dans une marche en montagne, entre autres exercices, le poète peut se vouer à cette méditation qui le conduit à écrire cette expérience. La poésie offre un regard neuf sur le monde.
L'art asiatique aussi, par exemple dans la calligraphie et la peinture, peut allier la méditation à partir de l'examen du réel précis, comme les plantes, et la réalisation d'œuvres picturales.
L'homme moderne peut retrouver un contact intime avec la nature en s'inspirant des cultures anciennes : chinoises, indiennes. Ce contact est renforcé par la méditation et une gymnastique précise et lente, tel le Taï-chi-chuan.

La pensée philosophique et la pensée scientifique nous apportent également un au-delà présent fait de compréhensions et d'émotions. Déjà, le microscope et le télescope nous offrent des merveilles. Mais tout ne peut pas se voir ! La physique théorique et la cosmologie ont permis à l'homme de penser, malgré sa petitesse, les deux infinis, celui du cosmos et l'infiniment petit. L'être humain peut éprouver des émotions dans, d'une part, le sentiment d'un début, si modeste soit-il, de compréhension de l'univers où nous sommes plongés, et d'autre part dans l'imagination d'univers qui échappent - et échapperont sans doute toujours - à une perception directe et sensible. L'idée que des équations mathématiques peuvent déjà approcher ces réalités est déjà très satisfaisante et excitante. Il y a là un au-delà particulièrement présent.

D'autre part, le travail d'enseignant qui consiste à faire partager le plaisir du savoir, et également toute action collective où se rejoignent des volontés de changer le monde, est une forme d'un dépassement de soi-même.

Et comme on l'a déjà dit, l'humour, en toute circonstance, permet de vivre plus intensément.

VIII. L'avenir de l'Homme

Malgré un comportement déplorable et une organisation humaine désastreuse qui entraînent guerres, famines, injustices, destruction de la planète. L'espèce humaine ne semble pas menacée : sa population augmente. La nécessité de la reproduction semble satisfaite.
Mais jusqu'à quand ? On peut dire avec optimisme que l'histoire humaine est récente. L'évolution de la vie s'est faite sur des milliards d'années, un temps que l'on a de la

peine à intégrer dans nos raisonnements : les transformations des espèces se sont faites lentement et n'apparaissent qu'après un temps très long.
La vie, "voyant" que l'homme va lentement vers sa destruction, est peut-être en train de modifier l'espèce humaine en développant davantage ses aptitudes altruistes. On peut constater des frémissements dans la morale qui a peu progressé depuis le début de l'humanité mais qui se révèlent par des décisions planétaires : diminution du nombre des états où la peine de mort sévit, organisation de tribunaux internationaux pour punir les crimes de guerre.

On a déjà noté les perspectives pessimistes de Freud. Paradoxalement, il pense que l'éducation religieuse peut être utile contre les dérèglements humains[12].

Un scénario catastrophe est que l'espèce humaine disparaisse.
Un scénario plus optimiste est donc que l'homme change de nature profondément. Ne serait-ce que pour survivre à la mort de son soleil.
On peut envisager différentes étapes radicales :
- L'homme ne mange plus d'animaux. C'est un progrès immense pour la manière dont on devrait traiter les animaux. Associé évidemment à la perte de certains plaisirs : chasse, pêche, dégustation de mets alléchants...remplacés par la consommation de substances synthétiques peu réjouissantes. Mais si c'est nécessaire pour le respect des animaux et pour satisfaire les besoins en nourriture de la terre entière, c'est un "sacrifice" heureux.
- il poursuit sa recherche de moyens artificiels pour se

12*) L'avenir d'une illusion,* PUF 2004

reproduire. Là aussi, perte de certains plaisirs...et de l'intérêt actuel principal pour beaucoup de la vie

- il ne forme plus qu'un seul sexe. Il se peut que la nature qui a mis au point la bisexualité pour améliorer la diversité freine cette étape et même refuse d'y accéder.
- il transforme son corps en objets mécaniques, son cerveau, assisté d'ordinateurs, gérant le tout. Perte de la sensualité, du rapport au corps....

Il se prépare ainsi à quitter la terre pour d'autres planètes. On ne peut guère lui reprocher : c'est la sauvegarde ultime de l'espèce.

Par certaines de ces différentes étapes, l'homme aura retiré à la vie son caractère immoral...Mais cela peut apparaître bien triste...de notre point de vue actuel.

Conclusion "MORALE"

L'Histoire est faite de combats, de crimes, de guerres, de conquêtes et l'Art lui-même s'appuie sur cette Histoire et magnifie ces luttes perpétuelles. La science, spécifique à l'homme, progresse grâce à la curiosité de celui-ci, mais se développe aussi chez l'homme ses maladies, ses peurs, ses angoisses, ses tueries ; le chercheur a besoin de chercher "autre chose" ; les états ont besoin de s'armer mieux que le voisin. La religion naît aussi de la condition humaine tragique - Ah ne pas venir sur terre que pour mourir - et engendre elle aussi guerres et destructions, même si elle peut être considérée, par certains philosophes, comme un rempart contre les dérèglements humains. L'évolution de l'animal vers l'homme, par certains aspects, est un échec.

Cependant, il faut dégager de l'expérience humaine ce qui malgré tout est positif : la science a permis à l'homme de

penser, malgré sa petitesse, l'infini du cosmos et de se donner des outils théoriques pour mieux comprendre l'univers ; la religion a enseigné parfois l'amour du prochain ; tous les jours et partout, dans des conditions parfois effroyables, des hommes et des femmes témoignent d'une certaine humanité. Ce ne sont pas les plus en vue. Il faut parler d'eux.
Pour le rapport entre deux personnes, que chacun – homme ou femme - puisse séduire l'autre – homme ou femme -, et que cet autre connaisse les limites de cette séduction et les accepte, ne peut qu'aller dans le bon sens de l'humanité profitant sainement de sa vie sur terre.

L'homme pour améliorer la condition de tous doit savoir et faire savoir qu'il ne pourra y avoir de progrès de la conscience humaine, que si chacun courageusement s'examine soi-même pour y découvrir tous les germes de "l'inhumanité" : racisme, agressivité, désir de dépasser le voisin, au besoin de le supprimer, désir de posséder de l'argent, des biens, ...qui constituent malheureusement en ce moment le fond de l'humanité - c'est le paradoxe ! Cette plus grande conscience doit aller avec une juste gestion des ressources limitées de la terre. Et pour cela la mondialisation doit changer de nature.
Il est nécessaire que l'humanité revoie son organisation. La mondialisation a apporté une vision globale du monde et rapproché les peuples, mais en même temps elle a fait s'accentuer la domination d'un groupe financier sur la majorité des hommes. Un retour à des développements locaux offre l'espoir d'une humanisation des comportements.
Les sociétés humaines doivent être soumises à des règles qui protègent les individus et favorisent leur épanouissement.

Quoiqu'il en soit de l'avenir de l'homme, on peut espérer que le principe destructeur de la vie prenne de moins en moins d'importance dans son comportement. Il est essentiel que les humains pensent, et mieux, militent, individuellement et en groupes, dans ce sens, et que des lois soient promulguées et appliquées.

Pour terminer ce petit tour, revenons à la vie comme phénomène prodigieux. Dans notre ignorance, une vision - peut-être optimiste : la vie s'est développée vers toujours une plus grande complexité, on ne peut encore savoir vers quel état elle évoluera dans un avenir lointain...

V Sur l'a moralité : mise au point

Laurent Bibard

Introduction

Nous vivons une époque caractérisée en maintes parties du monde par une attente exacerbée en termes de contrôle de l'environnement, des conséquences des actions, des comportements. Cette attente se justifie par la force d'un environnement si incertain qu'il peut en paraître angoissant, par l'immensité parfois des conséquences d'actions, d'opérations ou de simples manœuvres techniques de quelque ordre qu'elles soient qui paraissent a priori soit sécurisées soit bénignes, soit structurellement comme on peut dire "sans conséquence", enfin par la mise en lumière de plus en plus systématique de comportements fondamentalement immoraux, intentionnellement et volontairement destinés à nuire à autrui, que cela soit pour se servir soi-même ou, pire, tout simplement gratuit, ou en tout cas sans explication convaincante des raisons invocables.
Bref, on a raison d'attendre mieux du monde qui est le monde d'ici et maintenant, le monde où l'on vit, unique et si ambivalent, menacé ou menaçant.

Cette attente se transforme cependant de plus en plus fréquemment en imputations de fautes, en accusations sur le plan juridique, en luttes éventuellement violentes, et provoque l'effet inverse de ce qu'elle vise : de plus en plus de violence, de séparation, de dépréciation. Autrement dit, la déception des attentes lorsqu'elle se solde par des réactions de rejet de l'objet initial de l'attente, alimente ce qu'elle se voulait fuir ou contre quoi elle s'était érigée. La loi du Talion n'est pas bonne conseillère pour la conduite des affaires humaines.

Or, l'extension contemporaine significative du règne de la loi du Talion, qui s'énonce « œil pour œil, dent pour dent » a pour expression l'affirmation d'une exigence morale croissante – une forme de puritanisme du comportement qui concerne toutes les sphères de la vie humaine, active et non active. Une telle affirmation qui est revendication a un double effet : celui de l'affrontement des "morales" individuelles tous azimuts, et celui de la "moralisation" sur le plan politique des rapports sociaux. Soit, leur juridicisation d'un côté, et leur radicalisation "éthique" de l'autre. Droit et religion se partagent le terrain du politique au sens noble du terme, ou de la vie en commun en ses structures essentielles (Weil).
Ce moralisme ambiant – qui n'est pas la même chose que la morale vraie des individus - s'impose comme contrepoint déterminant de l'amoralisme scientifique propre au positivisme. Pour ce dernier, ce qui tient des sciences n'est affecté d'aucune valeur d'ordre moral quel qu'il soit. Il y a donc "en face" du moralisme croissant la neutralité scientifique et technique, ou plutôt inversement. En face de la neutralité scientifique et technique, plus ancienne que le moralisme contemporain, s'érige le moralisme croissant de notre temps.

Compte tenu de certains de ses effets délétères sur le politique au sens propre du terme, il est indispensable de remonter aux origines d'un tel moralisme, donc de nos attentes en termes d'environnement, de décision, de comportement. C'est ce que nous ferons dans le deuxième temps de notre chemin, après avoir présenté les attentes de perfection évoquées pour enfin examiner comment contribuer à un apaisement des tensions que ces attentes, contre leur intention propre, favorisent.

I. Nos attentes de perfection et leurs effets : qui veut faire l'ange fait la bête

Le mot de Pascal est ici décisif : « *L'homme n'est ni ange ni bête, et le malheur veut que qui veut faire l'ange, fait la bête* » (réf. *Pensées*).

Quelques exemples suffiront à indiquer ce que l'on peut avoir à l'esprit en évoquant le désir de contrôle de l'environnement, la maîtrise des conséquences des décisions et la correction des comportements.
L'environnement mondial contemporain pose indéniablement des questions potentiellement angoissantes relatives à l'avenir de la planète compte tenu de l'évolution climatique, des changements géopolitiques contemporains qui semblent vouloir relativiser de manière irréversible la position dominante de l'ancien "Occident", des réserves d'énergie et de ressources vitales dont la rareté augmente significativement sur le plan mondial comme l'eau potable.
Or, en face de ces questions, on affirme volontiers qu'"il faudrait" contrôler l'évolution de l'environnement, qu'il faudrait la paix dans le monde et une compréhension mutuelle des cultures, qu'il faudrait savoir préserver les ressources et/ou les gérer autrement, en réapprenant à consommer modérément. "Il faudrait" bien sûr tout cela, et sans aucun doute les injonctions normatives sont çà et là suivies d'effets. Les efforts pour sensibiliser la population mondiale et ses décideurs aux enjeux de l'évolution du climat, les efforts pour apaiser des conflits aux origines

parfois millénaires tels le conflit israélo-palestinien portent de loin en loin quelques fruits. La sensibilisation à la gestion de l'eau, de l'énergie et des matières premières porte également ses fruits, ne serait-ce qu'au travers des politiques de gestion des déchets par exemple.
Il n'en demeure pas moins que la juxtaposition abstraite d'injonctions normatives frontalement opposées aux problèmes qu'elles veulent résoudre ne garantit en rien leur efficacité. Et injonctions normatives et réalité des comportements s'affrontent sur le plan de la réalité politique au sens le plus banal du terme ici sans que s'impose nulle part le sentiment d'un gouvernement efficace et légitime des choses. Ce qui est et ce qui devrait être font partie d'un même plan turbulent de la réalité.

Il en va de même des décisions et des comportements. Dans le contexte contemporain d'une incontestable domination de l'économie sur le plan pratique de l'expérience et celui théorique de la connaissance, la théorie des organisations censée seconder le fonctionnement des entreprises privées[1] est à la fois centrale et décisive pour éclairer cette recherche.
Les recherches sur l'éthique des entreprises mettent variablement en relief la relativité des décisions des acteurs au quotidien de leur travail. Le degré de contrôle des effets de l'action en temps réel des décisions est tout sauf garanti. Et ce, d'autant que les systèmes techniques de tous ordres (financiers, industriels) sont complexes[2]. Autrement dit, la structure chaotique du fonctionnement des collectifs fait de moins en moins de doute sur le plan

[1]) Sur le rapport entre société mondiale contemporaine et sciences sociales, cf la remarque décisive d'Eric Weil in Philosophie politique
[2]) Perrow, 1984

du fonctionnement des organisations. Une certaine équivalence des possibles s'impose en effet, quand des microdécisions peuvent provoquer des effets massifs à grande échelle. L'incertitude s'impose au cœur des systèmes techniques, que ces derniers concernent des fonctionnements, comportements et décisions d'ordre administratif, financier, économique, ou d'ordre encore une fois industriel, médical, etc.

Par un effet bien compréhensible, cette imposition de l'incertitude comme une donnée paradoxale et encombrante de la réalité du fonctionnement des sociétés contemporaines alimente *a contrario* un désir de contrôle, par besoin croissant de sécuriser des décisions et des comportements. C'est non seulement pour augmenter des bénéfices ou pour faire fructifier un capital, mais tout autant pour garantir le bon fonctionnement des transports, la qualité des denrées alimentaires, ou l'efficacité des soins médicaux et la prévention de maladies que l'on rêve de plus en plus à une maîtrise des décisions et des comportements de toutes, de tous. Laquelle maîtrise est quotidiennement démentie, parfois de manière spectaculaire. En témoignent les études qui mettent en lumière la vulnérabilité des systèmes à des décisions et des comportements non intentionnellement malveillants, mais aux effets parfois massivement délétères, voire catastrophiques. L'étude consacrée par exemple par Karl Weick (1998) aux origines de la catastrophe malheureusement exemplaire de Bhopal en 1984 en témoigne excellemment. Il aura suffi d'une transaction opérationnelle vécue comme banale par quatre ouvriers pour que se prépare, sans être aperçue et gérée correctement, la catastrophe, dans un contexte de fermeture d'usine non suffisamment accompagnée par l'équipe dirigeante.

De toute évidence, les dérives organisationnelles et les corruptions des systèmes humains sont non seulement fréquentes mais encore structurelles. À tel point que le problème de l'éthique des collectifs n'est pas tant de savoir qui est intentionnellement malveillant, égoïste ou corrompu afin d'appliquer les sanctions qui s'imposent, que de prémunir les collectifs de ces dérives et corruptions. Comme dans l'affaire Enron si tristement célèbre, le problème en règle générale n'est pas que quelques-uns soient indubitablement voire ostensiblement méchants. Le problème est que les méchants parviennent à l'être sans être prévenus de l'être[3]. Et la question devient alors de savoir comment parvenir à une efficacité de l'action collective de celles et ceux qui voudraient s'opposer aux dérives, aux corruptions, et aux méchancetés[4].

Cependant, acquérir et partager une claire conscience de la vérité de ce problème demande du temps, de la disponibilité, une instruction et une éducation suffisants. Or ce temps, cette disponibilité, cette instruction et cette éducation sont malheureusement font souvent défaut. Et qu'on renvoie le manque de temps ou l'indisponibilité à une insuffisance ontologique[5], ou qu'on estime que le défaut d'instruction ou d'éducation tient à des circonstances historiques dépassables[6], il n'en demeure pas moins "entre-temps" que la spontanéité des collectifs

---

[3]) Bibard, 2007

[4]) Il est tout à fait possible de ce point de vue que les Grecs aient eu raison d'insister sur leur hypothèse selon laquelle nul n'est méchant volontairement. La vérification comme la compréhension de cette affirmation d'origine socratique est évidemment délicate

[5]) Strauss

[6]) Kojève

pour juger des affaires du monde tient de l'accusation. Comme le dit si bien l'étymologie du terme, "accuser" revient à identifier la cause d'un effet, donc à se faire à la science ou à la connaissance de la réalité. Je m'explique les dysfonctionnements des sociétés humaines en identifiant les coupables des difficultés de ces sociétés. C'est ainsi que se légitiment toutes les guerres, toutes les exclusions potentielles, toutes les violences réputées légitimes.

On peut formuler autrement le propos en soulignant les points suivants.

Le désir de perfection et de contrôle que l'on constate tous azimuts dans la vie privée comme dans la vie professionnelle est exacerbé à proportion de la croissance contemporaine significative de l'incertitude au cœur de l'environnement humain et non humain. Ce désir fait tôt ou tard passer les individus du sentiment d'omnipotence à une résignation à l'impuissance. Autrement dit, les déceptions quant à la possibilité d'une action individuelle et collective efficace sont à proportion des espoirs : elles sont potentiellement totales. Comme le nourrisson qui se sent tout- puissant tant que sa nourriture arrive dès qu'il s'exprime, et radicalement impuissant à tout le moins la première fois où survient un retard dans la satisfaction de son besoin, nous oscillons de plus en plus sans cesse entre omnipotence et impuissance. Sans que ce constat puisse de quelque façon que ce soit être accusateur faute d'alimenter le problème qu'il s'agit de contribuer à résoudre, il faut admettre provisoirement que nous sommes mondialement pris dans une économie émotionnelle structurellement infantile.
Et l'un des effets de cette économie émotionnelle apparaît

dans les accusations tous azimuts. Tôt ou tard, les uns, les unes ou les autres – dont soi-même – ne sont pas à la hauteur où on les attendait. Or, on s'attend très haut, en présupposant implicitement que tout est, tôt ou tard, possible. On a en principe les moyens de ce que l'on doit faire – ou l'on devrait se doter des dits moyens. Et si l'on doit s'en doter au cas où on n'en dispose pas encore, c'est qu'ils sont disponibles. C'est donc que l'on peut, en principe, disposer de tous les moyens nécessaires à une action individuelle et collective efficace. On peut, donc on doit. Et si l'on ne se tient pas à la hauteur de cette attente, ce n'est pas parce que l'on n'a pas objectivement pu faire ce qu'il fallait pour s'y tenir, c'est que l'on n'a pas fait ce qu'on devait faire car on pouvait en principe le faire. Autrement dit, personne n'est jamais exonéré des potentielles accusations d'impuissance par manque de décision, de moyens, de sens du devoir dans l'action. Tout le monde a tort, tout le monde est tôt ou tard coupable. C'est de cette présupposition péjorative pour le fonctionnement et l'apaisement des crises des systèmes sociaux que souhaitaient se débarrasser les autorités qui s'exprimèrent en France lors de l'affaire du sang contaminé : « responsable, mais pas coupable ».

Plus on attend, plus l'on présuppose que le contrôle de l'action est possible, moins l'on est satisfait de la réalité de ce qui est, plus on juge et accuse, et plus on alimente un contexte de méfiance et de conflits, d'accusations réciproques et de guerres. CQFD : « *L'homme n'est ni ange ni bête, et le malheur veut que qui veut faire l'ange, fait la bête* ». La réalité contemporaine de la mondialisation illustre malheureusement de quoi est fait ou peut être fait ce malheur.

Il faut que l'on examine les raisons de cet état des lieux, par-delà les phénomènes ci-dessus simplement illustrés. Nous faisons le pari qu'à expliciter le chemin qui a conduit l'humanité à une situation paradoxale de toute-puissance et d'impuissance conjuguées, dont l'un des effets majeurs est une guerre mondiale larvée et parfois actuelle de tous contre tous, l'on peut contribuer un peu à son apaisement. Or, apaiser cette guerre passe entre autres par la mise en lumière de certains traits de l'humanité qui tôt ou tard montreront de manière a morale – donc non accusatrice – l'irréductible structurelle et fertile réalité.

II. Aux origines de l'angélisme contemporain : la Renaissance ou le contrôle des individus

La mesure n'a pas encore été prise de l'importance que revêt la Renaissance européenne pour l'histoire mondiale. L'avènement de la pensée occidentale "moderne" auquel elle donna lieu à la fois s'ancre dans les tréfonds de l'humanité et conditionne de manière décisive certains aspects de son évolution actuelle, en particulier sur le chapitre de nos attentes d'un monde meilleur.
Deux aspects centraux de cette pensée "moderne" sont à souligner : l'affirmation selon laquelle le contrôle par l'homme de la nature – dont la nature humaine – est à la fois possible et souhaitable, et l'affirmation nouvelle de l'individualisme sur le plan de l'existence politique. Les conséquences de ces deux affirmations spécifiquement modernes sont décisives sur les plans de notre relation aux sciences et aux techniques, de notre relation à la morale et au Droit, enfin de notre relation à la vie économique.
Nous nous arrêtons dans un premier temps aux deux aspects centraux pour notre propos de la pensée

occidentale moderne, en esquissant les raisons pour lesquelles ces aspects sont cruciaux pour l'histoire mondiale telle qu'elle se dessine actuellement. Nous examinons dans un deuxième temps les conséquences de ces deux points pour les relations que les humains entretiennent désormais à leurs sciences et leurs techniques, à la morale et au Droit, enfin à l'économie.

A. À la racine du contrôle et de l'individualisme

Le rêve d'un contrôle de son environnement par l'homme est universel. Il se trouve exprimé partout, avant la Renaissance européenne et ailleurs qu'en Europe. Il a cependant toujours été estimé soit impossible, ce qui rendait *a priori* absurde la question de son sens, ou indésirable sur le plan de la morale. Il y a peu de risque d'erreur à affirmer qu'une seule civilisation a estimé à la fois possible et moralement juste donc acceptable, voire désirable, que l'humanité s'empare du monde où elle se trouve mise, qui est la civilisation "occidentale". Plus encore, c'est par la décision même de se mettre en peine de maîtriser et posséder la nature (Descartes,) en lieu et place de quelque autre entité que ce soit (dont évidemment "dieu" ou les dieux), que se définit ce que l'on appelle l'"Occident". Ce faisant, l'"Occident" revient à l'effort de rendre réel le rêve archaïque universel des humains, animaux raisonnables, politiques, "débiles" au sens d'Aristote, de maîtriser leur environnement – dont les prédateurs de toutes sortes dont il est peuplé, en particulier des "autres" d'entre les humains mêmes[7].

À partir de la Renaissance s'inscrira progressivement comme une évidence propre au rapport au monde

[7]) Bibard, 2010

moderne, la possibilité de contrôler la nature humaine et non humaine. Que cette évidence ait été imposée par la force, ou tôt ou tard estimée désirable et donc appropriée par ceux-là mêmes à qui elle voulait s'imposer, le résultat est que l'"Occident" entendu comme l'attitude qui résulte de la présupposition qu'un contrôle total de la nature est possible tend à s'imposer universellement. Ce faisant, cette présupposition devient une présupposition spontanée qui, à l'insu même de la majorité des humains, guide leurs actions, leurs objectifs, leurs rêves, leurs évaluations des choses, leurs comportements.

Il est décisif de souligner les points suivants.

- Le contrôle de la nature s'obtient grâce à une nouvelle manière de la connaître et à l'utilisation possible de cette nouvelle manière de connaître. La science moderne est essentiellement active, ayant pour soubassement l'intention même de maîtriser la nature et non seulement de la "voir"[8]. Il est essentiel aux sciences modernes de devenir techniques, voire technologies.
- La « rationalité » moderne s'appuie ultimement sur le rêve le plus archaïque des représentants de l'espèce *homo sapiens*, qu'est le rêve de contrôle de son environnement, donc de ses prédateurs, par l'homme.
- La convergence fondamentale entre rationalité et désir archaïque favorise une prégnance inconsciente inaperçue mais décisive de la nécessité du contrôle considéré à la fois comme un constat et un devoir. Il est possible de tenir sous contrôle toute chose que les humains sont capables

[8]) Machiavel ; Bibard ; cf Strauss

> de réaliser, et c'est une bonne chose. Cela est déjà effectif à bien des égards et doit être continué et systématiquement étendu. Enfin, c'est ultimement la seule bonne façon de se rapporter au monde et à l'action. C'est ainsi qu'il faut vivre, la vie bonne est une vie sous contrôle rationnel de toutes ses occurrences et possibilités.

Dans cet horizon, comme l'a remarquablement mis en lumière Jacob Klein, mathématiques et histoire se tiennent comme dos à dos, les premières faisant l'instrument de la seconde, et la seconde donnant le sens des premières. Si les mathématiques sont désormais propres à décrire exhaustivement la réalité du donné[9], c'est parce qu'elles expriment in fine l'intentionnalité fondamentale des humains, s'entendant comme sujets absolument libres[10]. La neutralité morale ou "axiologique" propre aux sciences modernes[11], qu'elles soient dites "de la nature" ou "dures", ou "sociales", "humaines" ou encore "souples" n'a d'égale que son coextensif contrepoint qu'est la compréhension de l'homme par l'homme comme liberté souveraine et maîtresse de toute donnée. La volonté bien comprise par elle-même est volonté de la volonté ou volonté d'elle-même. Le détournement de la notion de volonté, bonne au sens de la morale kantienne, par l'affirmation de la volonté de puissance comme cœur de la nature humaine par Nietzsche résulte de la vulnérabilité fondamentale de la notion de liberté à celle de toute puissance lorsqu'elle est entendue comme action négatrice au tout donné possible[12].

---

[9]) Kojève, 1964
[10]) Husserl
[11]) Weber
[12]) Kojève, 1947

Puisque tout est censé être possible, tout ce qui doit être le peut. Et comme ce qui doit être est ultimement la volonté en sa totale et souveraine autonomie, laquelle la fait à proprement parler infinie, alors sur le plan empirique, tous les fruits de l'imagination sont considérés comme tendanciellement bons à prendre. Et tout ce qui peut être le doit.

Nous sommes pris dans la douloureuse trame du relativisme, qui ne voit pas qu'il est sis sur une affirmation centrale, celle selon laquelle tout individu humain jouit a priori du droit fondamental à exister tel qu'il se découvre spontanément. Il s'agit là du deuxième aspect de la pensée "occidentale" moderne mis en avant à la Renaissance : l'individualisme en politique.

La science moderne qui prend naissance à la Renaissance et qui s'universalise concerne autant les humains que la "nature" ou les non-humains. La science politique moderne décrit donc ses objets – les humains –, dans le même désir d'en contrôler la réalité afin de contribuer à l'avènement d'un monde à la fois sécurisé et stable. C'est l'intention fondamentale du philosophe anglais Hobbes, qui, bien qu'il fût de son vivant l'un des plus grands ennemis de Descartes, contribue à la naissance du même monde que celui de Descartes. Un monde d'où la "nature" est tôt ou tard évacuée. Et la dynamique est la même que chez Descartes : c'est en reconnaissant la "nature" ou l'ennemie, qu'on la réduit, et certainement pas en feignant de l'ignorer : l'humanisme européen s'enracine structurellement dans la théologie chrétienne de l'incarnation, de la mort, et de la résurrection[13].

Hobbes opère sa réduction de la nature de deux façons ; en affirmant d'une part que l'homme ne peut connaître réellement que les artefacts qu'il produit sur la base du donné et non quelque "nature" que ce soit qui préexisterait à son action transformatrice des choses et en présupposant d'autre part, donc en posant *de facto*, l'existence d'un "état naturel" de l'homme qui serait un état prépolitique, à partir duquel se conçoit, comprend, et dessine le politique au sens moderne du terme.

Puisque nulle "nature" ne peut être ultimement connue par l'homme, l'"état naturel" de l'homme est strictement une construction artéfactuelle destinée à asseoir l'intelligence nouvelle du politique que Hobbes veut imposer. Cette intelligence est celle d'un État absolument souverain, dont la souveraineté absolue résulte de son établissement par ceux-là mêmes qui décident de l'instituer et s'y plier. Une fois établi l'État ou le Léviathan sur la base de ce que Hobbes fut le premier à appeler un "contrat social", il est censé être définitivement légitime et incontestable (ce que le grand successeur libéral de Hobbes, John Locke, contestera).

Ce faisant cependant, en créant et imposant la figure moderne de l'État ou du politique comme tel, Hobbes sapera les bases du politique ou du collectif comme tel, car il institue la notion moderne de l'État sur la base de décisions d'ordre strictement économique. Voici pourquoi.

Contrairement à ce qu'affirme jusqu'à Hobbes la pensée politique occidentale dominante, les humains sont censés vivre spontanément seuls ou isolés les uns des autres, et

---

[13]) Bibard

interagir sur le mode de la violence[14]. Autrement dit, il n'y a pas de vie collective spontanée des humains, les humains ne sont pas les "animaux politiques" que plaida Aristote[15]. Et la formation des entités politiques dépositaires du droit car du devoir de l'usage monopolistique de la violence légitime, les États[16], se forment sur la base d'une décision rationnelle des agents, conscients de la perte de temps et d'énergie qu'implique le fait de se battre chaque jour pour leur survie. Il faut en effet se battre tous les jours pour les ressources qui assurent la vie et la survie. Il serait

---

[14]) Hobbes

[15]) Il est crucial pour notre propos de souligner deux points. La vie politique est selon Aristote spontanée, car elle commence par la fabrication « naturelle » des humains via la relation des sexes entre eux. L'hétérosexualité est consubstantielle à la vie politique du fait qu'elle est à l'origine même des humains capables de devenir des citoyens. Maintenant, tous et toutes ne sont jamais citoyens et citoyennes de manière spontanément égale ou identique. Il y a les uns et les autres, c'est-à-dire les hommes et les femmes, les enfants et les parents, les Grecs et les barbares. Le « renversement » moderne de la pensée du politique implique l'élimination définitive du politique des catégories des genres, des différences d'origine ethnique, et *nec plus ultra*, des âges (cf sur ce point Tavoillot). La pensée moderne, ou le caractère moderne de la pensée politique libère l'espace nécessaire à la prise de parole et au pouvoir potentielle des femmes, des enfants et des barbares au sens grec ancien du terme ou des esclaves. Cela libère la possibilité d'une égalisation empirique des conditions matérielles d'existence corrélative d'un équilibrage des pouvoirs en direction d'une réelle « citoyenneté » au sens d'Alexandre Kojève (Kojève, 1981). Rien cependant ne garantit nécessairement la réalisation d'une citoyenneté effective au sens de Kojève. Une telle citoyenneté doit se fabriquer continûment, en particulier en prévenant le règne de la loi du Talion qui ferait reculer l'humanité de plus d'un pas, et contradictoirement par rapport au progrès réel qui permit un jour que fût esquissée la phénoménologie mondiale du Droit tele que l'entend Kojève.

[16]) Weber

significativement moins coûteux pour chacune et chacun qu'une entité, un individu ou un groupe d'individus joue le rôle d'arbitre dans les conflits entre toutes et tous, disposant pour ce faire du droit car du devoir de l'usage de la violence lorsqu'elle s'avère nécessaire. Si la formation d'une telle entité venait à se réaliser, elle devrait, pour servir les intérêts de tous et de chacun bien sûr être le fait de la décision de toutes et tous. Autrement dit, le contrat social est le fait d'une volonté générale sans exception, ou il est une tyrannie imposée par certains à d'autres[17].
Le "raisonnement" des individus à l'origine réputés libres, égaux entre eux, et précisément rationnels que pose Hobbes "avant" l'avènement du politique et comme instigateurs du politique ou de la chose publique comme telle est à la racine de la théorie économique des anticipations rationnelles croisées. Les humains prépolitiques au sens de Hobbes sont des agents économiques. À la racine de la pensée politique moderne se trouve l'artefact d'un monde économique homogène, constitué d'individus libres, égaux entre eux, et rationnels, indépendamment de toute considération empirique de leur situation (âge, sexe, origine ethnique, etc.). Tôt ou tard, le triomphe du libéralisme économique consiste en la réalisation d'un monde qui voit se dissoudre la puissance politique au profit de la vie économique gouvernée par le calcul rationnel des coûts et avantages de toute opération, de toute interaction. La libération de l'économie de son origine privée ou familiale (*oiko-nomos*) revient à l'extension potentiellement mondiale d'une économie se voulant rationnelle[18]. De là à dire que la mondialisation

[17]) Du fait de l'abandon de l'usage de leurs droits à se défendre pour leur vie et leur survie par ces derniers.
[18]) Weil

représente un village global gouverné à la manière de l'Athènes de *L'Assemblée des femmes* d'Aristophane, il n'y a qu'un pas – un faux pas sans doute, mais à tout le moins en porte-à-faux.

B. Sciences et techniques, droit et économie : sur l'extension du moralisme contemporain

Que les sciences et les techniques aient créé et continuent de créer un monde non "naturel" est indéniable : l'environnement humain est depuis longtemps un environnement humanisé, c'est-à-dire un environnement non spontanément donné comme tel, toujours déjà transformé par le travail ou l'action négatrice du donné par l'homme[19]. C'est dire que les sciences et les techniques deviennent l'"évidence" sur la base de laquelle l'homme vit. C'est un truisme que de le dire, en particulier dans l'horizon d'une compréhension marxiste de l'histoire. Le "monde" n'est rien d'autre que le résultat de l'action transformatrice par l'homme du donné "naturel".

Reste que surgit de temps en temps de manière incontrôlable la "nature". La nature est censée représenter ce qui est spontané, ce qui croît de soi-même sans que l'homme y soit pour quoi que ce soit. La définition de la nature est négative : elle est ce que l'homme ne fait pas, elle représente ce qui dans le monde ne vient pas de l'homme. Or, la "modernité" fait oublier à l'homme qu'il est sis en un monde qui ne vient pas de lui. L'hypertrophie de la volonté, réalisée dans les objets et les systèmes techniques, dans l'environnement global, fait oublier à la volonté de la volonté qu'elle tient d'un point de départ qui lui est étranger, qu'elle ne s'est pas choisie. Sa propre

---

[19]) Kojève : cf la définition de la propriété selon Locke

possibilité biologique en témoigne. Bien sûr la volonté de la volonté n'a de cesse de se retourner sur sa propre origine pour se l'approprier, ce dont témoignent les progrès du génie génétique et de la biologie. Ce à quoi prépare Descartes en renvoyant à la médecine comme première science exemplaire de l'intention des hommes de devenir « *comme maîtres et possesseurs de la nature* » (Descartes).

Mais la "nature" revient semble-t-il toujours à elle-même, et le dicton semble fondé : « chassez le naturel, il revient au galop ». Il y a une nature de la nature, une spontanéité du surgissement de ce à qui ou quoi l'homme n'est de rien. Il y a, au cœur des affaires humaines mêmes et en leur entourage, l'obscure indifférence de la "nature" pour les affaires humaines. Ce qui s'appelle de loin en loin un "Tsunami", une crise financière, ou une guerre mondiale larvée.

Il est douloureux bien sûr de constater que les sciences et les techniques mêmes de l'homme sécrètent tout autant que le meilleur, l'envers de ce qu'elles sont censées servir. Elles sont censées produire un monde sécurisé et pacifié, maîtrisé, apaisé. Elles le menacent ou peuvent le menacer fondamentalement par un effet de serre, par l'exploitation d'une énergie aussi peu maîtrisable que l'énergie nucléaire, par la manipulation du génome. Éternelle jeunesse de l'humanité *via* le truchement d'un pacte avec le diable.

Les sciences et les techniques donc, en leur ambivalence, à la fois font le monde et la "seconde nature" de l'homme, en son for intérieur comme en son environnement au dehors, contribuent à l'amélioration de ce monde et le menacent tout autant, in fine et de toute façon semblent impuissantes devant la "vraie" nature, ou le surgissement imprévisible du chaos – lequel peut s'appeler sur le plan individuel la mort prématurée d'un proche. Les sciences et les techniques autrement dit sont partout, pour le pire comme pour le meilleur. Elles sont l'évidence sur fond de laquelle la vie est possible, à la manière dont elle l'a toujours été. Ni plus ni moins, si ce n'est un peu dans la durée pour les représentants des pays les plus développés.

Le point le plus saillant pour notre discussion est la domination mondiale de l'économie comme manière de penser et de vivre. Que l'avènement de la science politique moderne qu'on doit à Machiavel, Hobbes, et leurs successeurs, ait pu produire à terme communisme et capitalisme tient à deux facteurs fondamentaux : le rôle déterminant dans et pour le devenir de l'homme des sciences et des techniques modernes d'une part[20], et la mise en tension des individus en regard de la puissance publique ou de l'État d'autre part. À la manière dont sont tendues nos émotions entre puissance et impuissance[21], l'État moderne est tout, ou rien. Il est parfois tout dans certaines tyrannies encore en cours, ou a tenté de l'être en Union soviétique, il est indéniable qu'il tend à l'heure actuelle à n'être rien du fait de la puissance du capitalisme financier mondial. Loin d'épuiser la compréhension de la notion de fin de l'Histoire, l'interprétation qu'en proposa en son temps Fukuyama est à tout le moins révélatrice de cette puissance. Laquelle puissance devient sourdement idéologie sur la base d'un slogan réputé évident désormais, selon lequel « *la responsabilité sociale des*

---

[20]) On ne peut pas ne pas être d'accord sur ce point avec Kojève, lorsqu'il identifie les idéologies et les manières de vivre capitaliste et communiste – cf *Introduction à) la lecture de Hegel*

[21]) cf. *supra*

entreprises est d'augmenter leur profit[22]».
La puissance de cette idéologie n'est compréhensible que sur la base de l'avènement de la science politique moderne, qui libère l'économie de la vie prioritairement privée où elle s'exerçait à l'origine, pour la laisser devenir préoccupation publique, voire préoccupation mondiale tout court. Or d'une manière ou d'une autre, la libération de l'économie, de son espace originel, à la fois libère le désir tout en l'aliénant à son lieu d'origine, et le sépare de ce qui le liait à ses autres par l'intermédiaire des lois régissant la vie des foyers ou la vie familiale.

Le désir est libéré d'une part, quant à ses objets indéfiniment dénombrables car sans cesse surgissant et nouveaux d'autre part le désir est circonscrit à sa spontanéité d'origine, parce qu'il n'est pas en lien contraint à ses autres. Les autres du désir de vivre et de son corrélat qu'est la peur de mourir en particulier de mort violente comme le dit Hobbes, sont domiciliés ailleurs que dans le monde quotidien, ordinaire ou banal d'ici-bas. Les "autres" du désir de vivre et de la peur de mourir violemment tiennent des mondes qui ne sont pas de ce monde-ci, qu'il s'agisse des mondes corrélés au désir du désir, ou des mondes suprahumains que sont les mondes des dieux, des démons et des anges. Autrement dit : la libération du désir de vivre et de la peur de mourir de mort violente circonscrit les rêves de l'homme au monde d'ici-bas. La revendication de la réalisation des rêves d'ici-bas s'exprime enfin dans le Droit comme le droit fondamental de (bien) vivre et de ne pas mourir de mort violente. C'est le désir fondamental d'égalité identifié par Tocqueville

[22]) « The Social Responsibility of Business is To Increase Its Profit », Milton Friedman, *New York Times*, Sept. 13rd, 1970

dans *De la démocratie en Amérique*.

Là est la dernière étape dans l'affirmation unilatérale de ce qui "doit" être par tout un chacun : je suis en droit de m'indigner, je suis en droit de revendiquer, je suis en droit d'exiger, car j'ai fondamentalement le droit humain de vivre comme je l'entends, dans un monde sécurisé et pacifié, d'y vivre le plus longtemps possible, et d'y passer de vie à trépas dans la douceur et de la façon qui me convient le mieux. Je perds alors le sens du devoir collectif, à tel point qu'il faut que quelque part ce sens soit éveillé de nouveau sous la forme par exemple de l'attention étonnée accordée au soin qu'implique de vivre avec autrui. La "découverte" comique du *care* aux États-Unis illustre la pauvreté contemporaine du sens actuellement dominant de la relation. Toute relation est tendanciellement monnayable, tout service comme tout bien. Et toute relation est dès lors susceptible d'être juridicisée. Rien n'est plus gratuit ou spontané ou « naturel » même de faire l'amour comme le suggère quelque part Strauss.
Que j'aie fondamentalement le droit de jouir de mon droit est d'autant plus blessant que je vois bien que l'égalité n'est pas de ce monde, qu'il y a des puissants qui abusent encore et ô combien largement de leurs droits et imposent par la force leurs lois et leurs richesses au détriment de celles de toutes et tous. Je souffre et exige d'autant plus que je vois que ce qui est à la racine de la morale contemporaine est systématiquement humilié, contourné, détourné. Ainsi le fait que la surpuissance de l'économie du capitalisme financier repose sur l'hypothèse selon laquelle tous les humains sont des agents économiques individuels libres (libres de leur corps comme condition première), égaux entre eux et rationnels est propre à faire

éclater le scandale du mensonge. Cette usurpation du *credo* libéral pour servir une quantité proportionnellement de plus en plus petite de nantis au détriment d'une quantité de plus en plus grande de pauvres, présuppose acquis ce qui doit advenir. Car la réalité montre bien que nul n'est en vérité ni égal à toutes et tous, ni vraiment rationnel par manque d'une éducation digne de ce nom, et donc que nul n'est libre en conséquence. La liberté, l'individualité, l'égalité, l'éducation sont pour la quasi-totalité des humains des devoirs et des projets. Pas une réalité active. Et la domination brutale de tous par quelques-uns sous couvert de libéralisme ajoute à la violence de l'exploitation la honte du mensonge.
La morale, celle du monde, celle des démunis qui sont *in fine* l'humanité même, est d'autant plus présente partout. Puisque nous avons constaté plus haut que le moralisme sécrète ce contre quoi il lutte ; puisque nous venons de voir en quoi il est dans une certaine mesure incontestable et incontestablement fondé, il faut le seconder. Il est impératif d'aider le moralisme à se débarrasser de la morale, pour pouvoir libérer et sauver ce qu'il veut libérer et sauver. La dignité de toutes et tous, dans une réelle égalité, l'éducation, de toutes et de tous.

Il est indispensable d'ajouter que, si je suis en tant qu'individu, en mon for intérieur, libéré de tout attachement *a priori* à des règles ou à des lois ; si je ne respecte rien que je ne choisisse à mes yeux souverainement, je peux m'attacher à n'importe quel dogme, par décision arbitraire. Alors, pour peu que j'aie un sentiment assez puissant pour l'appeler conviction voire foi, je suis susceptible de me lier à n'importe qui sous prétexte qu'il ou elle éprouve le même sentiment, la même conviction, la même "foi". Tout devient alors possible sur le plan religieux et sur le plan politique des idéologies. Tout, indépendamment de tout critère concernant le vrai et le faux, le juste et l'injuste, le bien et le mal, le bon ou le mauvais. Parce qu'ils sont sis à même le même individualisme structurel, le moralisme que nous avons rencontré ci-dessus et le relativisme esquisse maintenant sont corrélats l'un de l'autre. Et ceci, surtout si l'attente du moralisme qui voudrait que tout un chacun fût égal à tout autre est déçue. Tous les cynismes et en conséquence toutes les violences sont alors possibles. Celles- ci peuvent -être pire encore que les violences spontanées des puissants, car elles sont considérées non seulement comme légitimes, mais encore comme les expressions déçues ou non d'un droit. C'est la loi du talion s'éprouvant comme autosuffisante.

Tout est moral, tout est saturé de sens et de non-sens – sur le fond naïf d'une attitude censée être neutre à l'égard du réel "objectif" des sciences et des techniques. L'économie est aussi une science et une technique, de même que le droit. L'illusion est celle de l'amoralisme des sciences et des techniques, de leur supposée "neutralité axiologique". La réalité est la saturation sentimentale du point de vue moral de la réalité.

Nous l'avons suggéré, on peut faire le pari qu'un apaisement au moins relatif de la situation contemporaine qui est une situation de guerre sans cesse larvée, où guerre et paix s'emmêlent et se confondent, peut résulter de la mise en lumière à nouveaux frais de ce qui de et dans la vie de l'homme ne dépend pas de l'homme, dont une part significative de ce qui fait l'humain et l'humaine condition. C'est ce que nous tentons d'approcher maintenant.

III. Retour au droit naturel d'Aristote : Les exigences de l'expérience et la modération

Du temps des Grecs qui furent à l'origine de la philosophie telle qu'elle fut affirmée en Occident, fut proclamée la possibilité de l'accès des hommes ou de certains d'entre eux à une vérité objective, dont l'objectivité n'a rien à voir avec l'objectivation du donné qui est le fait de l'auto affirmation de la liberté du sujet propre à la Renaissance et à ses suites. L'objectivité ou la "neutralité" découverte par les Grecs, installant évidemment le sol de la future neutralité scientifique moderne, quand bien même fondamentalement différente d'elle, loin d'écarter l'humain de son champ, part de lui mais ne s'oriente pas en fonction de lui. De la même façon que l'humanité de la Renaissance part du monde ou de l'univers scientifique pour s'orienter en direction et en fonction de l'homme, l'humanité grecque part de l'homme et de sa condition pour s'orienter en direction et en fonction du monde où se trouve l'homme. La "neutralité" axiologique est celle du monde et non celle de sa connaissance. *A contrario*, à tout le moins pour la philosophie ancienne, la non-neutralité morale est celle de l'homme et non celle du monde[23].

---

[23]) On peut dire que lorsque nos contemporains accusent des scientifiques de ne pas avoir suffisamment anticipé la violence d'un tremblement de terre en Italie du Nord, et les jugent et condamnent en conséquence, cela revient à condamner la Terre de trembler, et ses porte-paroles de ne pas en parler assez haut pour éviter aux hommes de tels dommages qui s'ensuivent. Le monde, contrairement à ce qu'on a pu croire, est loin d'être parvenu à un état de civilisation qui exclut une forme d'animisme inconscient – pour cela éminemment actif. La lecture des attentes des populations à l'égard de leurs chefs gagne à être faite dans le même sens. Lorsque l'un des Premiers ministres français, Lionel Jospin, eut le courage ou la naïveté politique

Il est intéressant pour notre propos de considérer l'œuvre de l'un des plus grands auteurs grecs pour se demander dans une certaine mesure « Qu'est-ce que l'homme ? ». Soit, de demander de manière "neutre" axiologiquement parlant, ce qu'est l'homme dans son monde.

Nous considérons certains éléments de la pensée du plus modéré des deux Grecs Platon et Aristote. Il est significatif que chez ce dernier, l'éthique précède et conditionne l'intelligence du politique, ou de la réalité objective de la vie humaine considérée en ses structures essentielles[24]. Nous l'avons évoqué tout à l'heure en remontant à la construction de la pensée de Hobbes contre la pensée classique représentée par Aristote : pour ce dernier, l'homme est "naturellement" ou spontanément politique[25]. Et ce caractère politique de la vie spécifiquement humaine tient à la fois de la reproduction des vivants, au langage, et à la hiérarchie naturelle des êtres[26]. L'éthique ou la morale d'Aristote est inséparable de la considération neutre de la vie humaine en son irréductible condition. Parce que le politique tient de l'être, l'éthique est corrélée à l'être par l'entremise du politique qui est sa vérité. Pour comprendre en quoi le

---

d'affirmer publiquement que l'Etat ne peut pas tout au sujet de chutes de neige exceptionnellement fortes, sa cote de popularité chuta immédiatement tout aussi fort que ladite neige. Qui sont ceux-là qui nous gouvernent ? Des dieux ? Des demi-dieux ? Les porte-paroles de la nature ? Ses complices ? Et quelle est et que veut cette nature si ingrate et hostile qu'elle nous tue et nous blesse tout autant qu'elle nous donne la vie ?

[24]) On peut noter dans cet esprit l'importance de la signification du titre de l'ouvrage le plus important concernant son ontologie du très « Grec » Spinoza, *L'éthique*.

[25]) Aristote

[26]) Aristote, *Politique*

politique en tant qu'irréductible aspect de l'être est la vérité de la morale ou de l'éthique, il faut considérer l'éthique en sa spécificité propre.

Dès le Livre I de son *Éthique à Nicomaque* qui introduit sa *Politique*[27], Aristote annonce qu'il y traitera du droit naturel. Du droit "naturel", et non des droits issus de l'homme. Aristote traite dans l'*Éthique à Nicomaque* du droit "naturel" ou "neutre", ou de la justice "en soi". C'est à ce titre-là qu'il est utile, pour désamorcer le dangereux engrenage du moralisme contemporain comme de ses corrélats et avatars non moins nocifs, de considérer l'éthique telle qu'Aristote la comprend. Or, lorsqu'il arrive, au cœur du livre, c'est-à-dire au Livre V de son *Éthique à Nicomaque*, à la considération du droit naturel, Aristote en dit très peu de choses, voire rien qui puisse satisfaire la légitime curiosité de celui qui attend la révélation de ce qu'est la justice en soi. Ce qu'Aristote dit revient à dire que le droit naturel dépend, pour sa réalisation ou son administration, des circonstances. Non pas que le droit naturel s'épuise dans et en les circonstances – Aristote est tout sauf un relativiste. Mais selon lui la réalisation du droit naturel est fonction du moment comme du lieu, de l'occasion, à partir de laquelle doit se dire le bien et le mal, le juste et l'injuste, le vrai et le faux. Autrement dit, il n'y a pas de règle de droit qui puisse à la fois prononcer le vrai, le bien, le juste *a priori*, et en garantir la réalisation. Pour que le droit naturel règne comme tel, il faut que la décision d'un jugement sur ce

[27]) Il y a deux livres d'Aristote sur l'éthique, l'*Ethique à Nicomaque* et l'*Ethique à Eudème*. Sans que cela "juge" en quoi que ce soit le second des ouvrages, le premier a la vocation de préparer l'étude du politique comme tel.

qu'il faut faire concernant une situation prenne tant en compte ladite situation que nulle universalité de règles *a priori* ne saurait satisfaire. Il n'y a pas de théorie possible qui dise le droit naturel *a priori*. Le droit naturel *a priori* dépend de l'expérience qu'il qualifie. Il décide *a posteriori* quant au vrai et au faux, au juste et à l'injuste, au bien et au mal.
Très précisément, Aristote dit ceci :

Aristote donne quelques indications sur la manière dont il comprend le droit naturel en sa possibilité fondamentale ou ontologique. Et il donne à vrai dire ces quelques règles tout au long de son *Éthique à Nicomaque*. L'*Éthique à Nicomaque* d'Aristote revient en effet pour sa plus grande part, à l'illustration de l'application de la notion de droit naturel. Or, l'exercice du droit naturel revient à un exercice de modération quant aux passions, aux sentiments, à l'effort de l'homme pour faire régner le vrai, le bien, le juste. La recommandation principale d'Aristote dans l'*Éthique à Nicomaque*, exemplairement illustrée par le propos sur le courage, revient à la louange de la modération. Rien ne saurait favoriser mieux que la modération la réalité du bien, du juste et du vrai. Le vrai n'est jamais extrême – ou alors il frise son contraire, le faux, l'erreur fondamentale, l'inexistence. Ce qui est vrai, c'est la tendance à l'immodération des hommes et de la nature – ou des hommes à cause de la nature elle-même. Il est naturel à la nature de tendre à nier ses propres équilibres, comme il est naturel à la nature qu'ils soient sans cesse ré-établis. Comme le dit Thucydide tout est mouvement entre mouvement ou démesure et repos ou mesure. Rien ne peut contrevenir à cette règle, aussi gigantesque puisse être un temps l'apparence du débordement des limites naturelles de la nature. Si l'*hybris* (ou *l'ubris*) appartient à l'homme du fait d'une nature qui le dépasse il conditionne irréductiblement, le retour à l'équilibre, à la modération, à la mesure, que ce retour se fasse de manière douce ou de manière violente.

Toujours est-il que le courage, juste mesure entre la lâcheté et la témérité, exemplifie par excellence ce qu'Aristote entend par pondération des sentiments. Et peut-être la seule critique fondamentale que Marx adresse à Aristote est-elle là réfutée d'avance, comme a posteriori mise en doute par l'histoire.

Marx admire Aristote, et émet une seule réserve, fondamentale, à l'égard de la pensée du Stagirite. Aristote est au fond et victime de son temps lorsqu'il corrobore l'esclavage, et victime d'une moralité frileuse de petit-bourgeois. Cette moralité frileuse d'Aristote se manifeste lorsqu'il défend sur le plan politique l'existence de classes sociales moyennes dominantes, sous prétexte que ces classes moyennes sont plus propres à favoriser l'équilibre des jeux politiques des cités. Ces jeux politiques des cités sont naturellement, ontologiquement, irréductiblement dangereux ; ils poussent les cités à la violence en favorisant les extrêmes en termes de richesse pour les uns et de pauvreté pour les autres. Il faut de ce fait minimiser l'ampleur et la fréquence des jeux politiques propres aux cités, qui sont des jeux de concurrence, de lutte, pour le pouvoir. Il faut des classes moyennes résistantes aux changements toujours potentiellement nocifs pour le politique la stabilité l'équilibre. Aristote est fondamentalement un conservateur, qui n'a aucun sens de la notion de révolution, qui ne veut *in fine* rien résoudre du problème politique.

Entendue sur le fond enfin dessillé de la pensée moderne,

l'histoire des hommes se comprend comme déséquilibre initial entre forts et faibles. Il y a bien des maîtres et des esclaves, comme il y a des hommes et des femmes, des Noirs et des Blancs, des parents et des enfants. Et il est temps que cela cesse, et cela peut cesser. Si la vie politique qui est la matière fondamentale de l'Histoire n'est pas encore débarrassée des déséquilibres jusque-là structurels entre maîtres et esclaves, Noirs et Blancs, hommes et femmes, c'est non pas pour des raisons d'impossibilité ontologique, mais du seul fait des intérêts des uns défendus au détriment des autres, sur la base de la loi du plus fort. Mais l'Histoire revient précisément au renversement de cette loi. Le plus faible prend désormais le pouvoir – la contradiction entre ce qu'imposent les plus forts aux plus faibles est si fondamentale, si radicale, si douloureuse, que même l'ancienne complicité des victimes avec leurs bourreaux, due à leur aliénation au système de leur exploitation s'effondre et se dissout. Désormais, le grand soir va venir, car l'exploitation de l'homme par l'homme qui est à son acmé provoquera inéluctablement la libération de toutes et tous au détriment des catégories de maître, d'esclave, d'homme, de femme, de Noir et de Blanc – voire de parent et d'enfant. Telle sera la vraie révolution qui sauvera et sortira l'humanité de l'ombre. Pour une vraie Histoire, où la domination de l'homme par l'homme aura enfin fait place à la seule administration des choses.

Il n'est malheureusement pas sûr que Marx se soit trompé quant au constat de la violence dont est capable, sur un plan désormais mondial, l'humanité. Cette violence ne cesse de s'intensifier, et l'on comprend que, fort de la conscience de disposer de son bon droit, chacune et chacun s'insurge devant et contre les inégalités – non

seulement non pas en cours de résolution, mais en cours d'aggravation, du fait entre autres du capitalisme financier dont il était tout à l'heure question. Il est malheureusement plus que probable que Marx a eu tort sur un autre plan que le plan diagnostique. Non pas tant d'ailleurs quant aux méthodes de gestion ou d'administration des choses à envisager pendant la nécessaire dictature du prolétariat (et une fois ses effets attendus bien réels, après elle), que quant à la possibilité qu'une Révolution finale soit à la fois effectivement possible et ait un sens. L'administration des choses semble irréductiblement entachée de tentative à tout le moins d'exploitation de l'homme par l'homme. Le fait qu'il faille sans cesse lutter pour prévenir, anticiper, pondérer le désir de pouvoir et empêcher qu'il s'exerce tôt ou tard au détriment de l'autre semble être une constante « neutre », objective, structurelle, irréductible donc, ontologique enfin, de la réalité humaine.
Et s'il en est ainsi, Aristote a raison contre Marx.

Aristote aurait raison contre Marx sur le plan ontologique (irréductibilité des tentatives d'établir des liens de subordination entre humains au cœur même de l'administration des choses – humaines et non humaines) mais d'abord, et c'est le point central ici, sur le plan de sa morale politique. La "morale" politique d'Aristote consiste en l'affirmation que la pondération est indispensable à la conduite des affaires humaines, qui tiennent d'une nature que l'on ne peut dépasser. Or il est naturel que l'homme ait des désirs de démesure, autrement dit, de contestation de la loi ou des lois naturelles, dont l'essentiel de l'expression est dans des cycles indépassables. Il est naturel que l'homme veuille dépasser les cycles naturels et les maîtriser et posséder – soit, potentiellement, de s'immortaliser en lieu et place des dieux. Il est naturel que l'homme rêve à une Fin de l'Histoire entendue comme l'histoire de l'humaine condition politique des maîtres et des esclaves, des hommes et des femmes, des Noirs des Indiens et des Blancs, des parents et de leurs enfants. Il est tout aussi naturel que cette Fin n'advienne jamais – et qu'elle semble même être dans son plus grand retrait là où on l'attendait comme étant imminente. La solution alors, est de ne pas trop en vouloir. Ceci, dans les deux sens du terme.

Il ne faut pas trop vouloir, de peur d'être déçu de l'impossibilité des rêves qu'on croyait être autant de sérieuses prophéties du futur, et il ne faut pas trop en vouloir à celles et ceux qui ont essayé. Leur en vouloir de la situation qu'ils nous laissent serait négliger que s'ils l'ont fait, s'ils ont essayé ce qu'ils ont essayé, dans les proportions de bonté ou de violence que l'on peut constater, c'est que l'humanité même peut toujours essayer et essaye en puissance de dépasser les bornes du donné. Autrement dit si nos aïeuls ont essayé de réaliser la Fin de l'Histoire, qui s'est peut-être soldée par la plus grande violence possible du fait de l'homme, tout humain, nous, pourrions être tentés n'importe quand de recommencer l'essai.

La leçon est celle d'Aristote. Il faut de la modération, y compris dans nos désirs de vengeance à l'égard des humains qui essayent quelque chose. Et là est le plus difficile.

Se dégager de l'esprit de revanche, de la référence à loi du talion, est le plus difficile, qui revient à reposer la question socratique de savoir s'il vaut mieux commettre ou subir l'injustice. Et c'est le plus difficile, parce qu'il y a souffrance. Rien n'est plus violent qu'une lutte de pauvre contre pauvre – et l'homme est comme l'amour, fondamentalement indigent.

La morale d'Aristote est suprêmement exigeante et modeste à la fois. Elle plaide pour tout sauf pour les éclats et la brillance de l'héroïsme romantique des modernes. La morale d'Aristote est celle d'un héroïsme de tous les jours, constant, sans faille, implacable, fondamentalement humble, qui sait qu'il peut structurellement se tromper au moment même où il croit voir où est le bien, où est le mal. La morale d'Aristote demande d'interroger sans cesse à nouveaux frais et l'expérience et ce que l'on comprend de l'expérience, pour s'efforcer de se tenir en face de l'être ou de s'y conformer. Il n'y a pas de critère extérieur, a priori, durable et indépendant des circonstances, qui permettrait de savoir a priori ce qu'il faut faire quant au vrai, quant au bien, quant au juste. Il faut sans cesse prendre le risque. Telle est la morale d'Aristote. Une présence à chaque instant rejouée en fonction de l'expérience à risquer qui s'impose. Et de même que décider, être et espérer sont des décisions et des manières d'être qui affirment une éthique.

Une éthique, celle de la responsabilité au présent du risque qu'impliquent mes décisions, mes manières d'être, mes souhaits pour l'avenir[28]. Ce que je suis, réalise et

---

[28]) Pour diverses raisons, ce que je suis me renvoie au passé, quand ce que je décide m'engage évidemment ici et maintenant, et ce que j'espère ou attend me vectorise vers le futur ou dit mon temps tourné vers l'à-venir. Autrement dit, l'éthique d'Aristote se joue à chaque instant comme une synthèse active au présent de mon passé et de mon avenir. Mon temps est ainsi à chaque fois rejoué en sa totalité à la fois réelle pour autrui et interprétative pour moi. La compréhension aristotélicienne du temps n'est peut-être pas à chercher dans les mentions explicites d'Aristote au sujet du temps. Si cela est vrai, la

représente à chaque instant du fait même d'être qui je suis, de décider ce que je décide, et de vouloir ce que je veux, définit ma moralité, que je le veuille ou non. Et la "vraie" morale n'est donc pas dans la seule indignation, la seule attente, et surtout pas dans le risque des accusations où je me jette pour m'expliquer le monde. La "vraie" morale ou le droit naturel sont dans la prise de responsabilité au présent de l'être, en fonction de ce qu'il faut choisir sans cesse, et de ce que l'on croit pour l'avenir. Et comme le dit le Livre X de l'*Éthique à Nicomaque*, la difficulté est que parfois, ma modération consiste à approcher la notion même de modération avec la modération nécessaire. Autrement dit, il faut parfois une totale lucidité eu égard à la nécessité de la modération, et donc choisir d'utiliser de la force ou l'*hybris*, pour respecter la modération en toute décision morale et politique[29]. Car morale et politique, comme politique et morale, sont aux yeux d'Aristote inséparables l'une de l'autre. Nulle "cause" n'est assez puissamment autosuffisante pour qu'en temps réel l'on puisse imaginer raisonnablement "sacrifier" une ou plusieurs générations en vue d'une fin future. Les moyens ne sont *jamais* indépendants de la fin ou séparables d'elle – qui donc ne les justifie pas.

On peut dire pour finir que la neutralité axiologique avec laquelle Aristote considère les affaires humaines l'amène à constater que la vie humaine est irréductiblement "morale". Morale et non moraliste, car le moralisme n'a pour lui aucun sens. Le moralisme tient du désir comme

---

compréhension aristotélicienne du temps ne tient pas de la compréhension « ordinaire » telle que Heidegger la veut et dégager et relativiser pour le moins (*Etre et temps*; *Les problèmes fondamentaux de la phénoménologie*).

[29]) Aristote, *EN*, X

de la présupposition qu'un bien, un vrai, un juste, sont exclusivement et dicibles et édictables *a priori* sans jamais, sans en rien dépendre des circonstances. La présupposition que cette présupposition est justifiée rationnellement n'est possible qu'à partir de la Renaissance. Elle fait maintenant que, quel que soit le degré d'irrationalité du contenu de mes interprétations du monde, j'en présuppose pour mon confort moral ou ma "bonne" conscience, la rationalité et le sens. Cette naïveté structurelle conduit tôt ou tard les humains à la violence propre à l'arrogance lorsqu'elle est fondamentalement, c'est-à-dire doublement, ignorance, car ignorance d'elle-même.

La difficulté de sortir de l'ignorance de l'ignorance tient dans le fait que si l'on ne sait pas que l'on ne sait pas, et *a fortiori ce* qu'on ne sait pas, alors il est structurellement impossible de "sortir" à tout le moins volontairement de l'état d'ignorance à moins de présupposer que l'on ignore, et de s'exercer sans cesse à une vigilance systématique eu égard aux bords du savoir que l'on croit détenir. L'éthique au sens d'Aristote consiste en une objective, neutre, ou ontologique ascèse, car elle assume et s'approprie l'infinie humilité qu'il faut pour être toujours, pour être sans cesse, pour être à chaque instant au meilleur de soi-même pour tenter de servir le droit naturel et non les droits humains.

VI La prostitution est-elle "juridiquement" immorale et contraire aux bonnes mœurs ?

Jacques Delga

Introduction

Il n'est a priori nullement évident dans les faits d'affirmer que la prostitution est morale. Il n'est de même pas évident d'affirmer qu'il s'agit dans les faits d'un métier comme un autre. Pourtant les mœurs ont évolué. Certaines escorts girls ou actrices pornographiques sont célébrées et font la une des journaux, des radios ou des télévisions. L'analyse juridique de la prostitution mérite de nos jours une attention particulière. Le sujet est plus que jamais d'actualité. Des propositions de loi ont été déposées récemment au Parlement visant à pénaliser le client. La dernière proposition vient d'être adoptée en première lecture par l'Assemblée nationale au début de décembre 2013. C'est une nouveauté dans notre pays. L'affaire est à suivre.

Les débats sur la prostitution constituent depuis longtemps un véritable serpent de mer. Pour autant aucune définition de la prostitution ne figure encore aujourd'hui dans notre code pénal .Il ne faut pas s'en étonner. Les formes peuvent être multiples. Les définitions précises sont en général relativement rares dans nos divers Codes en raison d'évolutions sociologiques parfois imprévisibles. Définir risque de générer un carcan trop strict dans lequel toute évolution est impossible et où il n'est plus certain de faire entrer le fait générateur. Par ailleurs la prostitution n'est pas en France un délit et la jurisprudence a pallié le manque de définition législative. Selon la Cour de cassation : « *la prostitution consiste à se prêter, moyennant une rémunération, à des contacts physiques de quelque nature qu'ils soient, afin de satisfaire les besoins sexuels d'autrui* »[1]. Des relations physiques à finalité sexuelle avec le client et une rétribution constituent les éléments nécessaires de la prostitution. Peep-show, spectacles érotiques, acteurs pornographiques sont donc exclus faute de contacts physiques avec le client. Mais l'élément essentiel en matière de prostitution réside sans doute dans le fait que si la prostitution est légale, son exercice n'est pas reconnu. En d'autres termes la personne prostituée n'a pas de droit lié à sa profession. Elle n'a pas de statut juridique. La raison classique avancée repose sur l'immoralité ou l'indignité d'un tel métier. « Aimeriez-vous que votre fille exerce une telle profession, vende son corps ? » énoncent habituellement divers auteurs. On peut effectivement se poser la question mais est-ce la bonne ? Y a-t-il véritablement cession du corps ? Est-on certain par ailleurs que le droit lié à la sexualité n'ait pas évolué ? La prostitution doit- elle être toujours considérée comme immorale, ou pour être clair est-elle de nos jours en opposition avec les valeurs (sociales) qui doivent désormais régir la société et la vie privée ? Faut-il l'interdire ? Les débats parlementaires sur l'abolition ou la prohibition de la prostitution sont anciens en France. En 1876 déjà une pétition était soumise à la chambre des députés par Albert Caise intitulée « *Abolition de la prostitution en France et suppression de la police des mœurs* »[2]. Les positions idéologiques des uns et des autres

---

1) Cass Crim 27 mars 1996, Bull Crim., n°138, RSC 1996, 853, note Mayaud

2) Abolition de la prostitution en France et suppression de la police des mœurs, Pétition, Argenteuil, impr. De Worms, 1876/ 4p

sont comme il sera démontré souvent masquées par des arguments juridiques plus ou moins discutables. Ces positions fondent les systèmes de divers pays. Mais bloquent les débats alors même que le droit peut aussi évoluer **(I Les positions en matière de prostitution sont essentiellement prisonnières en France d'une idéologie (sans valeur juridique incontestable)**. On tourne en rond. On est surpris de l'hypocrisie française, du fait que la prostitution est légale mais ne peut être exercée, que la prostituée soit considérée en théorie comme une victime mais qu'en fait elle apparaisse plus comme une délinquante potentielle qu'une personne à protéger. C'est donc essentiellement en tant que juriste qu'il convient de réfléchir. Le droit considère-t-il de nos jours comme moral ou immoral le contrat de prostitution ? **(II Le droit français actuel tend à évoluer vers une reconnaissance de "l'exercice" de la prostitution en l'absence de contrariété avec les bonnes mœurs)**

I Les positions en matière de prostitution sont essentiellement prisonnières en France d'une idéologie. La valeur juridique des arguments est contestable

Les divers systèmes qui existent en matière de prostitution seront énoncés (A). Il conviendra par la suite de souligner les principaux arguments avancés classiquement en France pour justifier l'immoralité de la prostitution (B). Enfin les tempéraments à l'absolutisme de ces dernières justifications seront apportés (C).

A. Les divers systèmes en matière de prostitution

On tend en droit à classifier, à ranger par catégories. En matière de prostitution trois systèmes, le système réglementariste, le système abolitionniste, le système prohibitionniste semblent émerger selon les auteurs. Mais un classement strict et définitif ne peut être opéré tant les évolutions sont rapides et tant les sous-catégories sont nombreuses. Il est donc possible en fonction des manuels ou au fil du temps que des pays soient classés dans des rubriques distinctes de celles présentées. Ainsi la France paraît être un pays abolitionniste[3] mais une tendance prohibitionniste paraît aujourd'hui se dessiner.

1. Brève comparaison entre le système réglementariste, le système abolitionniste, le système prohibitionniste

Dans les trois systèmes principaux, il apparaît que la prostitution est un mal pour des raisons à notre sens essentiellement morales. Mais alors que le système réglementariste veut réglementer la prostitution, la canaliser comme s'il s'agissait d'un mal nécessaire, le système abolitionniste qui ne la supprime pas mais ne l'interdit pas, désire en revanche ne pas la contrôler. Ce système abolitionniste cherche non sans ambiguïté à abolir toute réglementation afin de ne pas donner le sentiment de cautionner la prostitution et de faire apparaître ainsi l'État comme un proxénète.
Le système prohibitionniste est plus radical puisque son but n'est ni de réglementer ni de tolérer la prostitution mais de l'éradiquer.

2. L'application de ces systèmes dans les divers pays (dont la France)

En France le système développé a d'abord été

[3]) voir infra

réglementariste puis il fut abolitionniste. Il tend à devenir du fait de propositions de loi déposées en 2011 et 2012 prohibitionniste bien que ce qualificatif ne soit jamais clairement utilisé.

Au 19e et au début du 20e siècle, la France autorise sous contrôle (réglementation sanitaire des personnes prostituées, fichage de la prostituée, visite médicale) la tenue de maison de prostitution. C'est le système réglementariste. L'approche abolitionniste qui a suivi doit son nom à l'histoire. La terminologie "abolitionniste" ne peut se comprendre que par rapport à la volonté d'abolir les réglementations formulées antérieurement relatives à la prostitution (réglementation liée au fonctionnement des maisons closes, fichiers, visite médicale). Il ne s'agit donc pas de prohiber la prostitution mais d'abolir les réglementations qui existaient antérieurement. L'observation est importante car les termes "prohibition" et "abolition" sont souvent confondus. Le système réglementariste a été mis à mal en raison de la corruption, du refus des prostituées d'être encartées, de l'attitude collaborationniste avec les Allemands des tenanciers des maisons closes. La loi Marthe Richard en date du 13 avril 1946 a permis la fermeture des maisons closes. Enfin la convention des États-Unis de 1949 relative à la répression de la traite des êtres humains et de l'exploitation de la prostitution d'autrui à laquelle la France a souscrit et qui déclare la prostitution incompatible avec la dignité et la valeur de la personne morale a contribué au passage du système réglementariste au système abolitionniste. Aux termes de cette Convention du 2 décembre 1949, « *la prostitution et (...) la traite des êtres humains en vue de la prostitution, sont incompatibles avec la dignité et la valeur de la personne humaine* ». Cette convention prône dans le fond une politique de type "prohibitionniste" et non abolitionniste et on peut donc se demander si cette approche de la prostitution en tant qu'activité "indigne" est bien cohérente avec notre droit. Dans le système français qui n'abolit pas la prostitution, cette dernière n'est pas pénalement sanctionnée. Elle n'est pas de plus civilement interdite. Elle est légale. Une relation tarifée avec une prostituée est autorisée. Mais le contrat de prostitution est nul pour "immoralité", ou "contrariété aux bonnes mœurs". La prostitution est ainsi d'une certaine manière libre ou du moins tolérée mais son exercice n'est pas reconnu par le droit. Une telle liberté n'est nullement protégée. L'activité est donc rendue difficile. Le métier n'est pas légalement reconnu. La prostituée n'a pas de droit lié à cette activité. On comprend mieux l'existence d'un proxénétisme de soutien ou de protection. On dénonce de ce fait une certaine hypocrisie. Certes l'État tente d'adopter une politique de réinsertion de la personne prostituée par l'intermédiaire notamment d'associations. Mais les subventions sont faibles et les résultats peu efficaces. Par ailleurs le proxénétisme est pénalement réprimé sans que l'on distingue suffisamment le proxénétisme d'aide de celui de contrainte

Des propositions de loi déposées en 2011 et en 2012 au Parlement français ont pour objet de sanctionner le client, considéré alors comme le "prostitueur". Elles nous paraissent vouloir modifier l'approche abolitionniste précédente. Elles n'édictent pas certes clairement la prohibition de la prostitution et n'interdisent pas son exercice. Les termes du texte proposé évoquent même explicitement le terme "d'abolitionnisme" et non de prohibitionnisme. Mais en fait ces dispositions donnent le sentiment que si le texte est adopté la France s'oriente vers un système plus prohibitionniste qu'abolitionniste car selon la pensée des auteurs, faute de clients la prostitution disparaîtra (sauf à devenir selon nous totalement clandestine ou à se réfugier dans des pays limitrophes).

La politique en matière de prostitution dans divers autres pays est variable. La Suède, souvent citée à titre d'exemple, mais dont il n'est pas absolument certain du fait d'analyses contradictoires que les résultats sont à la hauteur des espérances, la Norvège de même, mènent une politique visant à éradiquer la prostitution. Le régime peut être ainsi qualifié de régime "prohibitionniste". Il en est de même des États-Unis (sauf le Nevada où la prostitution est autorisée) de la Chine, de l'Iran, du Maroc, de l'Égypte. En revanche l'Allemagne, les Pays-Bas, la Suisse, La Belgique, l'Espagne, la Grèce, l'Australie, la Nouvelle-Zélande tendent à une réglementation de la prostitution et s'orientent ainsi vers un régime réglementariste. Parmi les régimes dits abolitionnistes on peut citer, outre la France, l'Italie et l'Angleterre.

B. Les arguments classiques avancés en France afin de prohiber la prostitution

L'argumentation avancée pour justifier le prohibitionnisme ou même le système français abolitionniste est essentiellement d'ordre moral mais n'ose pas toujours être avancée de la sorte. Des éléments de nature juridique sont de ce fait énoncés à l'appui. On fait valoir en substance l'atteinte à la dignité de la personne prostituée, à l'indisponibilité et à la non-patrimonialité du corps humain. On fait observer aussi l'atteinte au libre consentement de la personne prostituée du fait de sa situation économique. On a tendance à considérer qu'il n'existe pas de prostitution sans contrainte d'un proxénète.

Les partisans de la prohibition ne manquent pas enfin d'énoncer que bien que la prostitution soit considérée comme le plus vieux métier du monde elle peut être éradiquée comme il en fut de l'esclavage. Mais il convient de lever rapidement sur ce dernier point une objection. Comparaison n'est pas raison. Le problème n'est pas de même nature (à supposer même que l'esclavage ait été en fait réellement aboli ce qui n'est nullement certain). Si un texte a pu anéantir le Code noir, code de l'esclavage, un texte ne suffit pas pour supprimer la prostitution.

1. L'atteinte à la dignité de la personne prostituée, à l'indisponibilité et à la non-patrimonialité du corps humain

Les abolitionnistes et a fortiori les prohibitionnistes considèrent comme indigne l'exercice de la prostitution. Elle porte atteinte selon eux au respect du principe de dignité énoncé tant en matière constitutionnelle[4] qu'en droit privé. L'article 16 du Code civil prévoit en effet que : « la loi assure la primauté de la personne, toute atteinte à la dignité de celle-ci et garantit ce respect à l'être humain dés le commencement de sa vie ». Ce principe de dignité est aussi évoqué à travers la déclaration universelle des droits de l'homme de 1948 comme par la convention européenne du droit de l'homme auxquelles la France adhère. Il est repris par la jurisprudence européenne[5]. Selon les abolitionnistes ou les prohibitionnistes, il existe en ce qui concerne l'application du principe de dignité une sorte de norme objective qu'une personne même avec son consentement ne peut transgresser car il s'agit alors d'une

---

[4]) Déc. Cons constit n°94-343/344 du 27 juillet 1994 D 1995 p237 note B Mathieu

[5]) CJE 9 oct. 2001 C 377/98 JCP édit. E 2001 p1793

atteinte à ce concept. La notion de dignité ne vise pas tant la nécessité de respecter l'individu en tant qu'être humain que son appartenance à une communauté, celle de "l'espèce humaine". Toute personne est donc soumise à cet ordre absolu afin de se plier au respect de son espèce. On semble vouloir construire ainsi une sorte de morale (en l'espèce sexuelle) en distinguant les choses qui ont un prix et sont dans le commerce, de la personne, de l'espèce humaine qui n'a pas de prix mais dont il convient de respecter la dignité minimum à défaut de quoi on devrait considérer qu'il n'y a pas de genre humain. Peu importe alors le consentement donné par la personne (prostituée) qu'il convient de protéger aussi contre elle-même[6]. Les droits subjectifs de la personne seraient ainsi transcendés. Par ailleurs à supposer que le consentement de la personne prostituée soit libre, autonome ce que récusent abolitionnistes et prohibitionnistes[7] ce consentement ne transforme pas un acte illicite en un acte licite. En conclusion et selon les prohibitionnistes même les "victimes consentantes" comme les personnes prostituées doivent être protégées contre elle-même et s'il le faut la loi pénale est nécessaire pour prévenir de tels actes. Comme l'exprime en substance à titre d'illustration Michaela Marzano, professeur de philosophie, dans son livre *Je consens donc je suis*[8] cette vision de la dignité engendre de la sorte une forme d'oppositions entre les droits de l'homme en tant que partie de l'humanité aux droits de l'homme en tant qu'individu (droits subjectifs). Le droit d'un individu d'affirmer sa propre et totale liberté serait de ce fait réduit. Sur ce fondement une attraction de

---

[6]) voir en ce sens Oliver Cayla : *Le Droit de se plaindre*, Gallimard, 2003

[7]) voir infra

[8]) *Ethique de l'autonomie*, éditions PUF, 2011, page 61

foire dite du "lancer de nains" même autorisée par les victimes a été condamnée par la jurisprudence du Conseil d'État. Selon cet arrêt important en date du 27 octobre 1995[9], la dignité de la personne humaine a une **dimension objective** et, en tant que telle, ne peut faire l'objet d'une renonciation de la part de l'individu, celui-ci devenant ainsi protégé non pas au nom de lui-même mais en tant que composante de l'espèce humaine. « L'humanité transcende l'être humain ». Le droit à la dignité de la personne est ainsi érigé en une règle d'ordre **public** afin de condamner les activités dégradantes sans même que la victime puisse avoir son mot à dire. Reste à savoir si la prostitution peut être considérée comme une activité dégradante et "indigne" ![10].

De manière plus ou moins liée à ce concept de dignité, et souvent à l'appui de ce grand principe, fut évoqué celui de l'indisponibilité et par la suite de la non-patrimonialité du corps humain. Pour une grande partie de la doctrine,[11] le corps humain se confond en droit avec la personne. Il est donc indisponible (même si aucun texte législatif ne le mentionne explicitement). La règle serait d'ordre public. Ainsi on cite à l'appui le fait que l'aide au suicide ou les mutilations à l'exception de quelques cas (piercing, circoncision) soient interdites. Il en est de même de l'euthanasie. L'article L 1211-1 du code de la santé publique rend même illicite l'allaitement maternel depuis une date relativement récente (1994) en France. Il se

---

[9]) CE 27 oct. 1995 Morsang sur Orge RFDA 1995 page 878 D 1996 9177 note Lebreton

[10]) voir infra

[11]) En ce sens voir J. Carbonnier, Cornu : *Droit civil introduction aux personnes et aux biens* LGDJ 2005 p234, de même Favre Magnan, chronique *Indisponibilité du corps humain et justice sociale*, D 2008 page 31

fonde sur l'idée de prohibition de la cession des éléments et produits du corps humain (plus que sur la relation corporelle entre la nourrice et l'enfant). La décision de la Cour de cassation rendue le 31 mai 1991[12] à propos de la gestation pour autrui (GPA) est souvent citée afin de conforter la thèse de l'indisponibilité du corps humain : « Attendu que la convention par laquelle une femme s'engage fut ce à titre gratuit à concevoir et porter un enfant pour l'abandonner à sa naissance contrevient tant au principe d'ordre public de l'indisponibilité du corps humain que celui de l'indisponibilité de l'état des personnes ».

Les partisans de la thèse abolitionniste ou prohibitionniste s'appuient aujourd'hui moins sur le principe de l'indisponibilité du corps humain du fait de divers tempéraments (dons possibles d'organes, de rein de sang, de moelle osseuse) que sur celui de sa non-patrimonialité. De plus et surtout il existe des dispositions explicites qui visent clairement la non-patrimonialité. La loi du 29 juillet 1994 est notamment mise en exergue. Elle est effectivement explicitement relative à la non-commercialité du corps humain. L'article 16-5 du Code civil indique que le corps ne peut être traité comme un objet une chose ou une marchandise, « *les conventions ayant pour effet de conférer une valeur patrimoniale au corps humain ses éléments ou ses produits sont nulles* ». La disposition est d'ordre public. Il existe toutefois quelques exceptions (vente de cheveux, vente par les établissements de sang aux cliniques ou aux hôpitaux).

La question qui se pose et sera traitée ultérieurement est de savoir s'il y a véritablement vente et notamment vente du corps en matière de prostitution. C'est là un sujet

---

[12]) Cass Ass plein 31 mai 1991 Bull civ 1991 n°4 p5

important[13].

2. L'atteinte «générale» au libre consentement du fait de la violence (y compris celle résultant de la situation économique de la personne prostituée).

Les abolitionnistes ou les prohibitionnistes se fondent sur l'idée que le fait de se prostituer n'est jamais libre. La prostitution ne serait jamais un choix volontaire. « C'est un cauchemar pour la prostituée »[14]. Les personnes prostituées ne feraient que céder à la violence. On se fonde sur la contrainte pour déclarer immorale ou illégale la prostitution. L'origine de cette dernière semblerait double.

- D'une part l'état de dépendance économique de la prostituée est souvent avancé. « On ne se prostitue jamais par plaisir ». Il est notamment indiqué que le contrat de prostitution est par nature un contrat déséquilibré de dépendance. À l'appui il est parfois cité un arrêt de la cour d'appel de Paris[15]. Cette cour d'appel reconnaît explicitement en date du 12 janvier 2000[16] que la violence peut résulter d'un état de dépendance économique et entacher le consentement pour violence. En l'espèce une salariée d'une maison d'édition admet que son employeur puisse avoir la propriété de tous les droits d'exploitation d'un dictionnaire dont elle avait participé à la rédaction. Une dizaine d'années plus tard, à la suite de son

---

[13]) voir infra

[14]) En ce sens voir Michaela Marzano : *Je consens donc je suis*, éditions PUF, 2001, pages 148 à 150

[15]) infirmé toutefois en 2002 par la Cour de cassation, voir infra

[16]) CA Paris 12 janvier 2000, affaire Claude Kannas c Larousse-Bordas ; voir aussi sous Cass. Civ. 1, 3 avril 2002, Bull. civ. n° 108, p84

licenciement, elle assigne son ex-employeur en nullité de la cession, pour violence ayant vicié son consentement. La Cour d'appel a fait droit à sa demande. Elle considère que son statut salarial la plaçait dans une situation de dépendance économique par rapport à son employeur, et la contraignait d'accepter la convention de cession sans pouvoir refuser certains des termes qu'elle estimait contraires à ses intérêts personnels. La Cour de cassation en date du 12 janvier 2002[17] a toutefois comme il a été déjà dit ci-dessus censuré cet arrêt d'Appel. Il existe cependant d'autres précédents de jurisprudence ou la contrainte économique résultant par exemple de la pression économique sur le contractant qui ne peut alors que conclure librement le contrat a été assimilée à la violence physique ou morale. Par exemple la 3e chambre civile de la Cour de cassation en date du 13 janvier 1999 a accepté qu'un ancien membre d'une secte puisse demander l'annulation d'un contrat conclu sous l'effet de la pression économique cette dernière étant assimilée a de la violence. De même la Cour de cassation[18] a considéré qu'il convenait de rejeter un pourvoi formé contre la décision d'annuler un contrat désavantageux pour un salarié ce dernier étant particulièrement démuni.

Il convient d'observer que dans un arrêt en date du 30 mai 2000[19] la Cour de cassation, semble élargir clairement aussi la notion de violence en incluant la contrainte économique *ipso facto* du seul fait en l'espèce d'une situation désastreuse du salarié. Dans cet arrêt la considération de l'extrême précarité financière du demandeur a autorisé la possibilité d'évoquer la contrainte

---

[17]) voir infra

[18]) Cass Soc 5 juillet 1965 Bull. civ. n°545

[19]) Semaine juridique Entreprise et affaires n°13 en date du 29 mars 2001 p571

économique vice du consentement. De ce fait l'annulation du contrat a été rendue possible

- D'autre part il est avancé, en sus de la contrainte économique, que la violence dans la prostitution résulte d'une contrainte exercée sur la personne prostituée par le proxénète. On pense par exemple aux prostituées nigérianes sous la coupe de "mamas" ou de proxénètes ou à celles violentées par un client dérangé. Il n'existe dans ce cas aucun doute. Cette prostitution n'est pas libre. Il convient de l'interdire et d'annuler le contrat[20]. Mais on ne peut pour autant généraliser. Il ne faut pas négliger les cas ou la prostitution est libre, sans proxénétisme de soumission[21].

La vision sociologique d'une prostitution contrainte est réelle (sous réserve de ne pas oublier ce qui est essentiel, c'est-à-dire qu'il peut exister aussi une prostitution libre sans contrainte). Mais ce n'est pas alors tant la prostitution qu'il faut incriminer que la "contrainte", le proxénétisme, voire l'esclavagisme ce qui est quand même différent. Les solutions juridiques concernant l'acceptation d'une violence économique vice du consentement sont plus contestables. La contrainte économique lorsqu'elle est retenue n'est que rarement *ipso facto* reconnue en tant que violence vice du consentement au sens de l'art 1122 du Code civil[22].

---

[20]) voir infra

[21]) voir infra

[22]) En ce sens voir Civ. 3è 2002 D 2002 p1860

C. Les tempéraments usuels de droit ou de fait aux arguments classiques avancés

1. Les exceptions ou atténuations à l'indisponibilité ou à la non-patrimonialité du corps humain et au respect du principe de dignité sont nombreuses.

La thèse encore majoritaire de la conception moniste du statut de la personne, importante notamment en matière de réflexion sur la dignité et la moralité de la prostitution, selon laquelle le corps se confond avec la personne s'accorde particulièrement avec la pensée de ceux qui sont abolitionnistes et mieux encore prohibitionnistes. Mais cette conception moniste même d'indisponibilité et de non-patrimonialité du corps est en opposition avec la conception (dualiste) que des philosophes[23] ou des juristes[24] se font du statut du corps humain. Ces derniers considèrent que l'enveloppe charnelle d'un individu doit être distinguée de la personne elle-même. De ce fait le corps serait une chose dont l'homme est propriétaire. Il pourrait donc en disposer librement. Les partisans d'un statut dualiste corps/esprit sont donc conduits à considérer qu'on peut louer ou même vendre son corps.
La thèse classique de la conception moniste supporte par ailleurs des dérogations à l'inviolabilité du corps humain et sa non-patrimonialité ne serait ce que parce que si l'on devait considérer qu'il y avait vraiment vente du corps en matière de prostitution on voit alors mal comment le droit

---

[23]) R. von Jhering, philosophe allemand du 19è

[24]) D. Borillo : *L'Homme propriétaire de lui-même, le droit face aux représentations populaires et savantes du corps*, Strasbourg, Lettres, 1991, p34 et p111 à 113 ; voir aussi Michaela Marzano : *Penser le corps*, PUF, 2002, page 119 et *Philosophie du corps*, Que sais-je ? Paris, PUF, 2007

français pourrait tolérer la prostitution. Force est de plus de constater qu'il existe d'autres exceptions concernant l'indisponibilité et la non-patrimonialité du corps, sur lesquelles les prohibitionnistes ou les abolitionnistes mêmes ne sont pas en désaccord. Elles sont de plus en plus nombreuses.

Ainsi
Le droit de se donner la mort et donc le suicide n'est pas considéré comme une infraction pénale (mais l'euthanasie n'est pas –encore- tolérée)
Les établissements français du sang peuvent vendre du sang ou des plaquettes aux cliniques ou hôpitaux (loi Caillavet du 22 déc. 1976)
Les donneurs d'organes ne sont certes pas rémunérés mais dans certains cas indemnisés.
Le code de la santé publique prévoit dans l'article L 1211-8 un certain nombre de dérogations. À titre d'exemple la vente des cheveux ou d'ongles est possible (ou même le lait de la nourrice jusqu'en 1994).

En définitive et d'un point de vue pratique **il appartient au juge de déterminer la signification à donner au principe de dignité**, de qualifier les faits, d'appréhender si un fait ou une situation porte ou non atteinte à la dignité. Il convient ainsi de noter que le Conseil Constitutionnel en date du 27 juillet 2001 a considéré que l'allongement du délai de dix à douze semaines pour interrompre volontairement la grossesse n'était pas contraire au principe de dignité humaine. Il convient de souligner de même que la pornographie n'est pas interdite (aux majeurs) bien que les adversaires aient soutenu qu'elle était contraire au principe de dignité.
En droit le recours à la notion d'activité indigne est loin

d'être cohérent. En matière de pornographie il n'est nulle question d'incriminer les acteurs qui peuvent librement exercer ou être par exemple salariés (ce qui n'est pas le cas de la personne prostituée sauf à ce que son employeur soit poursuivi pour proxénétisme). Leur activité sexuelle n'est pas considérée comme indigne. Ils demeurent avant tout des acteurs. Ils ne sont pas assimilés à des personnes prostituées. Les personnes pratiquant l'échangisme ou a fortiori les gérants de clubs échangistes ne sont considérées ni comme des prostitués ni comme des proxénètes. L'activité a été reconnue explicitement pas les tribunaux comme n'étant pas immorale ou contraire aux bonnes mœurs. Elle peut être exercée dans des lieux privés comme dans des clubs. Le gérant de club échangiste est un dirigeant comme un autre. Depuis 1994 il n'est plus assimilé à un proxénète. Il peut donc passer tout contrat. En revanche l'exercice d'une activité prostitution n'est protégé par aucun droit. La prostituée n'a pas de statut. Son contrat est en principe nul. Comment dès lors se faire payer ou même être protégé ? La différence de situation n'est pas vraiment justifiable. Le fait qu'il soit classiquement avancé qu'en matière de pornographie le désir du législateur ait été avant tout de protéger les tiers (dans la mesure les films ne peuvent diffusées que dans des salles spécialisées) ou qu'en matière de prostitution la prostituée doit été considérée comme une victime rend encore plus incompréhensible les solutions divergentes soulignées.

Qu'en est-il et que doit-il en être plus précisément de la prostitution de nos jours ? L'étude de décisions jurisprudentielles contemporaines[25] au regard de la sexualité est essentielle.

---

[25]) voir infra

2. La situation économique « *ipso facto* » n'est pas constitutive juridiquement d'un vice du consentement de la personne prostituée.

La doctrine critique l'idée que la situation économique difficile d'une personne puisse de ce seul fait constituer un vice du consentement et permette l'annulation du contrat pour violence. Elle estime que dans tout consentement la contrainte économique existe en fait le plus souvent. Le consentement ne serait donc jamais parfaitement libre. Prendre en considération la situation économique serait porter atteinte à la stabilité contractuelle.

La jurisprudence est plus nuancée. La Cour de cassation a rendu un arrêt « Larousse Bordas » en date du 3 avril 2002[26] qui a cassé l'arrêt de la Cour d'appel de Paris du 12 janvier 2000[27] dans lequel les juges du fond avaient considéré que la crainte pour la salariée de perdre son emploi, rendait celle-ci recevable à agir en nullité d'un contrat de cession de droits d'auteur conclu à un moment où il était question de plan social. Pour autant la Cour de cassation n'était pas hostile en l'espèce à retenir que la contrainte économique aurait pu être fondée. Mais de nos jours[28] elle précise que la contrainte économique **n'entraîne pas *ipso facto* la** nullité du contrat. Des conditions supplémentaires sont donc nécessaires pour qu'un contrat soit annulé pour violence économique. Il importe notamment de démontrer, ce qui n'a pas été le cas, que le cocontractant a exploité de manière abusive et à son profit une situation de détresse économique et que cet abus caractérisé a été déterminant du consentement selon

---

[26]) Cass. 1ère civ., 3 avril 2002, Bull. civ. n°108, p84

[27]) cité supra

[28]) Contrairement à l'arrêt de Cassation du 30 mai 2000 cité supra

l'arrêt de la chambre civile de la Cour de cassation en date du 3 avril 2002[29] : « *Attendu, cependant, que seule l'exploitation abusive d'une situation de dépendance économique, faite pour tirer profit de la crainte d'un mal menaçant directement les intérêts légitimes de la personne, peut vicier de violence son consentement* ».

Il apparaît en résumé que la violence économique ne peut constituer à elle seule un vice du consentement. À supposer donc que la situation économique soit soulevée il est alors nécessaire d'établir diverses conditions dont à notre sens la position de grande faiblesse, de nécessité du contractant provenant notamment d'un élément extérieur insurmontable. La preuve d'un abus déterminant du cocontractant quant à la signature du contrat (pression, etc.) est aussi indispensable. En bref le déséquilibre manifeste et insupportable du contrat au profit du celui qui a été en position de supériorité doit être établi.

Conclusion

Les arguments juridiques classiques avancés par les prohibitionnistes ou les abolitionnistes depuis longtemps pour rejeter la prostitution reposent sur le concept de dignité, d'indisponibilité, de non-patrimonialité même du corps, ou de consentement vicié. Ils ne sont pas en droit absolument convaincants. Il convient de revenir sur l'actualité. Le concept d'atteinte à la dignité a considérablement évolué de manière restrictive. Par ailleurs une analyse contemporaine du contrat de prostitution qui est rarement entreprise puisqu'un tel contrat est le plus souvent nié, du moins jusqu'à aujourd'hui s'impose sur le plan juridique du fait de l'évolution récente des mœurs et du droit

[29]) idem n°17 Cass. Civ. 1, 3 avril 2002 Bull. civ. n°108, p84

II. Le droit français actuel tend à évoluer vers une reconnaissance de "l'exercice" de la prostitution en l'absence de contrariété avec les bonnes mœurs

Les raisons d'une reconnaissance juridique de la prostitution ne manquent pas. Elle n'est pourtant aujourd'hui que tolérée. Son exercice est ignoré des juristes. Rares sont les étudiants qui ont abordé le sujet du "contrat de prostitution". Pourtant la prostitution n'est pas sanctionnée pénalement. Elle n'est pas civilement interdite. Mais si on a longtemps refusé d'examiner sur le plan juridique le contrat de prostitution, c'est qu'on considérait qu'il s'agissait d'un contrat tabou. Il existait certes. Mais l'opération était selon certains considérée comme immorale et donc nulle, voire inexistante. Toutefois la nullité d'un contrat est distincte de son inexistence et les mœurs ont aujourd'hui bien évolué. Le caractère immoral d'un contrat (c'est la cause de l'obligation du client de la personne prostituée qui semble immorale) est de moins en moins retenu en matière de sexualité (B). Puisque le contrat de prostitution existe donc bel et bien, rien ne s'oppose à son analyse. Rien ne devrait s'opposer actuellement à sa pleine reconnaissance (A).

A. Le contrat de prostitution devrait être reconnu en tant que "contrat de prestations de services".

L'hypocrisie en France, pays abolitionniste est grande en matière de contrat de prostitution sans actuellement, à notre sens, de raisons justifiées en droit. Si la prostitution n'est pas pénalement réprimée, son activité n'est pas protégée par le droit ; elle n'est pas juridiquement reconnue. La personne prostituée ne peut ainsi conclure un contrat pour exercer son métier. C'est nier la réalité[30]. L'accord entre le client et la prostituée s'analyse en un contrat certes verbal mais tout contrat n'est pas nécessairement écrit. Ce contrat est un contrat synallagmatique, d'échange ou de "prestations de services". Ce qui choque encore certains qui veulent ignorer l'existence de ce contrat c'est qu'il existe dans ce contrat l'échange d'une rémunération contre la promesse d'un plaisir sexuel. Mais les arguments avancés et rappelés ci-dessus par les abolitionnistes ou les prohibitionnistes, dont notamment l'atteinte au concept de l'indisponibilité du corps humain, atteinte contestable comme on l'a vu et plus encore comme on le verra ne nous paraissent que de faux arguments de l'ordre de l'idéologie ou de la morale. **Il n'y a en effet en matière de prostitution ni vente ni location ni corps humain**. La personne prostituée ne vend pas son corps car il n'y a à l'évidence nul transfert de propriété. Le client n'a nul droit de propriété sur cette personne fut-ce un droit démembré (*usus, fructus* ou *abusus*). Il n'existe pas de même de louage du corps. Ce dernier n'est nullement prêté. Il n'y a rien à restituer. Selon la doctrine contemporaine, le contrat de prostitution est une sorte de louage de services un peu analogue au contrat de travail. La jurisprudence européenne confirme ce point de vue. Elle déclare en substance dans un arrêt en date du 20 novembre 2001 que l'activité de prostitution exercée en tant qu'indépendant peut être considérée comme étant un service fourni contre rémunération **et relève, par conséquent, des dispositions du droit communautaire relatives à la libre prestation**

---

[30]) Jean Danet in *Cahiers de recherche sociologique*, n°43, 2007, p109-120

de service[31]. Ce louage de services est autorisé en France d'autant que la prostitution n'est pas illégale. L'objet de l'obligation né du contrat de prostitution est le suivant. Le client a sans conteste une obligation de "donner" c'est-à-dire au sens juridique de régler le prix fixé pour les "pratiques tarifées" convenues avec la personne qui se prostitue. La personne prostituée a pour obligation d'accomplir une prestation de service (prestation sexuelle le plus souvent mais pas nécessairement tant les considérations d'ordre psychologique du client ne peuvent être méconnues). En ne reconnaissant pas le contrat de prostitution, le droit ne reconnaît pas les obligations réciproques d'échange et donc l'obligation du client de régler la prostituée. On marginalise cette dernière faute de statut juridique et génère la suspicion alors que son activité est "licite". Mais elle n'est plus protégée dans son activité par les pouvoirs publics. De cette absence de reconnaissance du contrat de prostitution découle l'absence d'autres droits. Les contrats qu'une personne prostituée peut conclure pour son activité (achat ou location d'un local) risquent d'être invalidés pour immoralité. Le mari de la prostituée peut être considéré comme proxénète s'il bénéfice ou partage ses gains. En cas d'agressions les pouvoirs publics peuvent être réticents à poursuivre et le viol difficile à démontrer. Comment dès lors ne pas rechercher un "protecteur" dans les faits qualifié de "proxénète" en droit ?

Le système abolitionniste français ou le système prohibitionniste qui ne reconnaît pas le contrat de prostitution est en contradiction avec la volonté formelle affichée de protéger la prostituée de la considérer comme

---

[31]) CJCE 20 Novembre 2001, Aff. C-268/99 Aldona Malgorzata Jany et autres (Droit des prostituées des pays de l'Est de s'installer sur les territoires de l'Union européenne).

une victime. Permettre la reconnaissance du contrat de prostitution serait une solution en cohérence avec la situation des personnes acteurs ou actrices pornographiques pour lesquels la législation préfère considérer que prédomine la qualité de services rendus en tant qu'acteur. Pourquoi n'en serait-il pas de même de ceux ou celles qui exercent la prostitution ? Même la Cour de cassation a reconnu implicitement l'existence d'un contrat de prostitution. Elle a admis dans un arrêt de rejet en date du 13 juin 2007[32] que l'absence de paiement d'un client ayant eu des rapports avec une prostituée a pu en l'espèce justifier une poursuite pour viol : « S'il y a rapport, faute de paiement il y a tout lieu de penser qu'il n'est pas consenti ».

En réalité la nature de l'acte objet de l'obligation de la prostituée pose seul problème. C'est la nature "sexuelle" de cet échange (argent contre sexe) tel qu'envisagé par le client qui génère le particularisme du contrat et sans doute son absence de reconnaissance juridique. Ce plus que l'atteinte à l'indisponibilité ou à la non-patrimonialité du corps humain qui ne semble qu'un faux argument. Mais cet acte sexuel tarifé mérite-t-il bien de nos jours une telle indignité ?

B. Le caractère sexuel de la prestation de la personne prostituée ne devrait plus être considéré comme contraire aux bonnes mœurs ou à la moralité (sur le plan juridique).

La véritable critique qui pourrait être adressée au contrat de prostitution est sa contrariété aux bonnes mœurs par application de l'art. 6 du Code civil qui indique: « *On ne*

---

[32]) arrêt numéro 076 82499 non publié

peut déroger, par des conventions particulières, aux lois qui intéressent l'ordre public et les bonnes mœurs ou par application de l'article 1133 du Code civil : la cause est illicite quand elle est prohibée par la loi, quand elle est contraire aux bonnes mœurs ou à l'ordre public ». C'est cet argument de l'immoralité de la cause du contrat qui a été adopté par la Cour de Colmar en date du 9 janvier 1995[33]. Cette dernière a refusé de sanctionner une prostituée qui s'était dispensée d'agir alors qu'elle avait été réglée au motif en substance « **qu'une telle convention qui a pour objet des relations sexuelles est nulle pour immoralité** ». Mais la notion d'atteinte aux bonnes mœurs a évolué fortement ces dernières années. Elle est interprétée de plus en plus restrictivement par les tribunaux au point que quasiment disparaître (et d'être englobé par la notion d'atteinte à l'ordre public). Le rappel d'un peu d'histoire permet de mieux faire comprendre et d'illustrer l'évolution de ce processus.
En 1804, date de promulgation du Code civil, l'immoral avait une dimension très forte, plus forte même que l'illicite dans la mesure où la morale religieuse était particulièrement présente. Les Français sont donc marqués dans les esprits aujourd'hui encore par ce phénomène. **Jusque dans les années 1990/95 la notion d'atteinte aux bonnes mœurs était assez souvent utilisée pour annuler les contrats**. Les bonnes mœurs ou mauvaises mœurs à l'analyse renvoyaient souvent aux pratiques qu'on estimait bonnes ou mauvaises. Cette notion indéfinie dépendait selon les magistrats de ce qui semblait être communément acceptable selon les dispositions d'une société à une époque donnée. Traditionnellement dans notre pays les pratiques sexuelles non conformistes étaient

[33]) CA Colmar 9 janvier 1958 D 58, 163

essentiellement visées et considérées comme portant atteinte aux bonnes mœurs. De manière générale et conformément à ce qu'affirmait le doyen Ripert la morale catholique tendait à présider à l'exécution des contrats[34].

Ainsi :
Un contrat de travail passé entre une femme de chambre et le gérant d'une maison de tolérance[35] et même plus récemment un contrat de strip-tease[36] furent déclarés illégaux. Des libéralités entre concubins furent déclarées illicites si elles avaient pour cause la formation, la continuation, la reprise, ou la rémunération des "relations immorales". Un legs ayant pour motif la rétribution de relations sexuelles fut considéré comme illicite. Les gérants des clubs échangistes furent assimilés à des proxénètes en tant qu'intermédiaires d'activités de débauche (jusqu'en 1994). Par ailleurs, et jusqu'à une époque très récente, la jurisprudence estimait que le contrat de courtage matrimonial conclu par un individu déjà marié était nul par application de l'article 1133 (précité) du Code civil pour cause illicite ou immorale. Des décisions des juridictions de Dijon[37] et de Chartres[38] en témoignent. Enfin le juge administratif et plus précisément le Conseil d'État, dans son arrêt ministre de l'Intérieur et de la décentralisation c/ M. Boitteloup du 14 mai 1986, avait considéré comme un manquement à la dignité le fait pour un membre d'une compagnie républicaine de sécurité de cohabiter avec une prostituée.

---

[34]) voir Georges Ripert : *La Règle morale dans les obligations civiles*, Paris, LGDJ, 1974, reprint 1994, p363 et suivantes
[35]) Cass Soc 8 janvier 1964 D 64/267
[36]) TGI Paris 8 nov. 1973 D 75/401
[37]) Cass 1ère ch., 2è sect. 22 mars 1996 Bull. inf. C cass 435.24
[38]) TI Chartres 12 oct. 1976

Plus récemment, dans une sorte de mélange entre ordre public et morale, la Cour de cassation a déclaré, à propos d'un prêt d'utérus : « *La convention par laquelle une femme s'engage, fut-ce à titre gratuit, à concevoir et à porter un enfant pour l'abandonner à sa naissance contrevient au principe d'ordre public de l'indisponibilité du corps humain et au principe d'ordre public de l'indisponibilité du droit des personnes* »[39].

Mais de nos jours, notamment depuis les années 2000, la volonté du juge de contrôler la moralité des raisons pour lesquelles une personne contracte s'estompe. La jurisprudence française comme la jurisprudence de la Cour européenne des Droits de l'Homme à laquelle la France est assujettie en témoignent. Certes la notion d'atteinte aux bonnes mœurs figure encore et toujours dans les articles précités du Code civil. Mais elle tend à ne plus être appliquée notamment en matière de sexualité. Rien ne garantit toutefois une disparition totale. L'histoire montre que les solutions sont souvent en dents de scie. Mais la libéralisation des mœurs et des pratiques sexuelles, la laïcisation du droit, l'impact de la justice européenne et notamment de la Cour européenne des Droits de l'Homme (CEDH) conduisent depuis un peu plus d'une dizaine d'années au constat d'une quasi-disparation de l'utilisation par les magistrats de l'atteinte aux bonnes mœurs en matière sexuelle.

Ainsi

- Une libéralité motivée par le maintien de relations adultères n'est pas (plus) considérée selon les tribunaux

---

[39]) voir aussi supra indisponibilité du corps humain

comme contraire aux bonnes mœurs[40]. La validité d'une donation par un homme, Monsieur "Galopin", d'un âge certain (91 ans) à une très jeune maîtresse (30 ans) a donc été reconnue.

- Les attendus de la Cour de cassation en date du 29 octobre 2004 sont les suivants :

« N'est pas contraire aux bonnes mœurs la cause de la libéralité dont l'auteur entend maintenir la relation adultère qu'il entretient avec le bénéficiaire ».

« Attendu que n'est pas nulle comme ayant une cause contraire aux bonnes mœurs la libéralité consentie à l'occasion d'une relation adultère ;

Attendu que, pour prononcer la nullité du legs universel, l'arrêt retient que celui-ci, qui n'avait "vocation" qu'à rémunérer les faveurs de Mme X, est ainsi contraire aux bonnes mœurs; qu'en statuant ainsi, la cour d'appel a violé les textes susvisés ; »

La doctrine universitaire a été très critique à propos de la décision de l'assemblée plénière de la Cour de cassation du 29 octobre 2004. Elle a même posé la question de savoir « s'il reste encore un terrain pour l'immoral ». Il faut bien le reconnaître, à partir du moment où l'arrêt Galopin[41] impose la solution selon laquelle n'est pas nulle une donation consentie à l'occasion ou même en échange d'une relation adultère, les portes sont grandes ouvertes en matière de reconnaissance d'activité prostitutionnelle. Mais est-ce une mauvaise solution ? Sur le plan juridique même on a du mal à concevoir le statut équivoque de la prostituée qui ne lui permet pas de bénéficier d'une véritable reconnaissance de droit[42].

-La juridiction d'Orléans considère qu'un contrat ayant

---

[40]) Cass ass plénière Arrêt Galopin n°519 du 29 octobre 2004

[41]) Assemblée plénière de la Cour de cassation du 29 octobre 2004

[42]) voir infra reconnaissance du contrat de prostitution

pour objet des photos de charme n'est pas contraire aux bonnes mœurs et est donc valide[43].

-La Cour de cassation ne considère plus que le contrat de courtage matrimonial est nul pour immoralité **même si** le cocontrant qui s'est inscrit est une personne déjà et toujours mariée[44]. Elle fonde son argumentation sur le fait qu'un contrat de courtage matrimonial ne saurait être assimilé à un contrat de mariage.

- Les gérants des clubs échangistes ne sont plus assimilés à des proxénètes, mais à des commerçants ou des dirigeants comme les autres depuis 1994[45].

- L'organisation de soirées échangistes payantes n'est pas (plus) moralement répréhensible ou contraire aux bonnes mœurs. L'organisateur de telles soirées ne peut se sentir diffamé s'il est qualifié d'échangiste. La 17e chambre du tribunal de grande instance de Paris a rendu un jugement en date du 16 janvier 2009 considérant que la qualification d'échangiste d'un dirigeant d'une "secte" lors de propos tenus à la télévision dans une émission célèbre (Ciel Mon mardi, présentateur Dechavanne) n'était pas diffamatoire.

- L'activité d'un club échangiste exercée par un commerçant ou une SARL peut être considérée comme une activité commerciale comme une autre au regard du bénéfice du droit à la prescription quinquennale en matière commerciale[46].

- La réception par un salarié d'une revue libertine et

[43]) Orléans, 4 juin 1998 ; Juris-data, n° 005327

[44]) Cass. Civ. 1ère, 4 nov. 2011

[45]) article 225-6-1 du Code pénal. Voir sur ce sujet *Sexualité libertinage échangisme et Droit,* Jacques Delga éditions L'Harmattan, Mars 2013

[46]) CA Nîmes 6 mai 2008 arrêt n° 32 RG 07/04287

échangiste à son travail n'est pas illicite et ne constitue pas (plus) *ipso facto* un manquement aux bonnes mœurs et un trouble objectif à l'entreprise. Elle ne peut générer la sanction disciplinaire[47].
- Le contrat de strip-tease n'est plus illégal.
La juridiction administrative a aussi évolué. Dans l'arrêt « Ministre de l'Intérieur c/Mme Slujka » en date du 2 Mai 2001[48] la Cour administrative d'appel a refusé la révocation d'une fonctionnaire de police actrice dans des films pornographiques du fait qu'aucune référence n'était faite à sa qualité professionnelle (ce alors même qu'en sus on aurait pu lui reprocher le fait d'exercer une multi activité en principe interdite dans la fonction publique).

C. La justice européenne en conformité avec le principe de liberté sexuelle estime que la prostitution non contrainte est une "prestation de service" qui n'est incompatible avec la dignité.

La Cour européenne des Droits de L'Homme (CEDH) est une juridiction du Conseil de l'Europe qui est chargée de veiller au respect de la Convention européenne de sauvegarde des droits de l'homme et des libertés fondamentales (ConvEDH). Cette convention a été ratifiée par plus de 47 États du continent européen, dont la France. Elle garantit notamment le respect de droits substantiels, comme la liberté d'expression ou le respect de la vie privée. Elle interdit toute discrimination notamment en matière de sexe ou d'origine pouvant aboutir à une inégalité. L'article 8 al. 1 et 2 de la Convention Européenne de Sauvegarde des Droits de l'Homme et des Libertés Fondamentales prévoit en substance que toute

---

[47]) Cass. Ch. Mixte 18 mai 2007 arrêt n° 251 Bull. civ. n° 3
[48]) CAA de Paris du 09 mai 2001, numéro d'arrêt : 99PA00217

personne a droit au respect « de sa vie privée et familiale, de son domicile et de sa correspondance » sauf si des exceptions sont « prévues par la loi » et « nécessaires, dans une société démocratique ».
Cette notion de droit au respect à la vie privée est fréquemment invoquée par les juridictions européennes et notamment la Cour européenne des Droits de l'Homme (CEDH) pour garantir la liberté sexuelle. Cette liberté sexuelle, il convient de le préciser, s'adresse à tous. Aux hommes comme aux femmes.
Il a été notamment indiqué à propos d'activités prostitutionnelles que le droit au respect de la vie privée comporte « *le droit d'opérer des choix concernant son corps et d'entretenir des relations sexuelles comme on le désire* » ou que « *la vie sexuelle relève de la vie personnelle protégée par l'article 8 al. 1 de la Convention, qu'il n'y aurait pas donc pas vente ou location du corps mais prestation de services* ».

Dans une affaire en date du 11 Sept 2007 une demanderesse prostituée se plaint de devoir continuer à exercer en raison de l'attitude de l'URSSAF[49] qui demandait son dû. À cette occasion La CEDH déclare que « *la prostitution est incompatible avec la dignité de la personne humaine dès lors qu'elle est contrainte* ». Il en résulte a contrario qu'en l'absence de contrainte la prostitution ne devrait sans doute pas être incompatible avec la dignité. On ajoutera à propos de cet arrêt que si la Cour européenne des droits de l'homme estime que la prostitution peut être une activité professionnelle elle en déduit selon cette jurisprudence que la prostituée peut être soumise à la perception d'impôts et de cotisations sociales,

[49]) arrêt 11 sept. 2007 Tremblay contre France req 37194/02

sans que l'État ne viole les articles 3 et 4 de la Convention et ne soit qualifié de proxénète. On notera que déjà en 1996 il avait déjà été jugé dans un attendu quasi identique que la prostitution n'était contraire à la dignité humaine « *dès lors qu'elle était contrainte* »[50].

À propos de pratiques sadomasochistes il a été précisé par la Cour Européenne des Droits de L'Homme[51] que : « *Chaque individu avait le libre choix de disposer de son corps et de sa sexualité fut elle violente* », (voire cruelle comme tel fut le cas en l'espèce) et ajoutons vénale car tel fut aussi le cas. Il apparaît de ce fait qu'une même solution aurait pu être rendue en, matière de prostitution[52].

La Cour de Justice des Communautés européennes[53] à propos de libre installation d'une personne prostituée fait mention en date du 20 novembre 2001 du fait que l'activité de prostitution indépendante pouvait être considérée comme un service fourni contre rémunération dès lors qu'elle était exercée par le "prestataire de service" <u>hors de tous liens de subordination</u>, sous sa propre responsabilité et contre une rémunération qui lui est intégralement et directement versée. Il n'y aurait donc pas de plus en matière de prostitution vente ou location du corps mais « prestation de services ».

« Dès lors, la prostitution constitue une prestation de services rémunérée qui, ainsi qui relève de la notion d'«activités économiques» ».

---

[50]) Crim., 27 mars 1996, Bull. crim., n°138; RSC 1996, 853, note Mayaud

[51]) CEDH Arrêt KA et AD contre Belgique en date du 17 févr. 2005 Requêtes n° 42758 voir aussi RTD Civ 2005 N 2 p 341

[52]) Sur cette question voir *Le Traitement juridique du sexe* p159 et suivantes, sous la direction de Guillaume Delmas, Sarah- Marie Maffesoli et Sébastien Robbe ; avant-propos de Camille Broyelle, Presses Universitaires de Sceaux

[53]) CJCE 20 novembre 2001, Jany c/ Pays-Bas, aff. C-268/99

« L'activité de prostitution exercée en tant qu'indépendant peut être considérée comme étant un service fourni contre rémunération »....
Et relève, par conséquent, de ces deux notions.
Bien avant l'année 2000 il avait été déjà jugé :

- Que la garantie de liberté de disposition de son corps offerte par l'article 8 qui protège la vie privée s'étend aussi à des relations professionnelles prostitutionnelles qui ne sauraient de ce fait être considérées comme illicites[54].

- Que la prostitution « dès lors qu'elle était contrainte »[55] était contraire à la dignité ce qui a contrario semble autoriser une prostitution libre.

Conclusion.
Le concept de protection de liberté de la vie privée et donc le principe de liberté sexuelle qui est lié à ce concept est large. Il englobe même l'activité professionnelle de la personne prostituée selon la justice européenne. Il en résulte que non seulement la prostitution non contrainte ne saurait être considérée comme illégale mais encore que juridiquement elle n'est pas ou ne devrait pas être jugée contraire à la dignité ou aux bonnes mœurs. **Elle n'est pas immorale**. Pour autant et par exception l'appréciation des mœurs juridiques étant en dent de scie il convient de rappeler l'arrêt de la cour d'appel de Nîmes en date du 8 février 2012. Dans cet arrêt rendu le 8 février dernier, la cour d'appel de Nîmes a annulé le mariage d'un couple contracté en décembre 2004 au motif que la conjointe exerçait une activité d'Escort girl à Sorgues. La

[54]) CEDH Niemetz c Allemagne 16 déc. 1992 requête n°13710/88
[55]) Crim., 27 mars 1996, Bull. crim., n°138; RSC 1996, 853, note Mayaud

juridiction[56] a retenu l'existence d'un vice du consentement pour "erreur sur les qualités essentielles de l'épouse", ce qui est rare en la matière (en matière de mariage trompe qui peut) et pourrait peut-être faire l'objet d'un pourvoi en cassation aux attendus intéressants.

En définitive ce n'est peut-être pas tant sur la prostitution qu'il convient de focaliser et (pire encore sur le client de la prostituée) mais sur la contrainte et l'esclavagisme ce qui est différent. L'esclavagisme moderne et notamment l'esclavagisme domestique (qui semblerait toucher selon la députée Axelle Lemaire entre 3000 et 5000 personnes) n'a pas été considéré jusqu'à ce jour de juillet 2013 comme une véritable « atteinte à la dignité passible de sanction pénale » (et d'une peine criminelle). La France à deux reprises a été condamnée de ce fait par la Cour européenne des Droits de L'Homme[57]. Lors de la première condamnation par la CEDH la Cour d'appel française de Versailles sous-estimant les faits n'a pas vu dans le cas Siliadin (adolescente togolaise de 15 ans dont le passeport avait été confisqué et qui effectuait un travail obligatoire excessif et non rémunéré sous peine de retourner au Burundi) « une atteinte à la dignité humaine » sanctionnée par le Code pénal. Elle a estimé « qu'un travail sans horaires définis et non payé est le sort de très nombreuses mères de famille ». Une nouvelle condamnation de la France a eu lieu en octobre 2012 par la CEDH pour une situation identique[58]. Il a été reproché à la France de ne pas avoir mis en place « un cadre législatif et administratif permettant de lutter efficacement contre la servitude et le

---

[56]) Selon une information provenant de Laprovence.com

[57]) CEDH, Siliadin c France, 26 juillet 2005, n°73316/01 et CEDH, C.N. et V. c. France, 11 octobre 2012, n° 67724/09

[58]) CEDH, C.N. et V. c. France, 11 octobre 2012, n° 67724/09

travail forcé ». Un projet de loi sur la question de l'esclavage a été enregistré à la Présidence de l'Assemblée nationale le 27 mars 2013. Un nouveau "crime" de "réduction en esclavage" (l'esclavage y est défini dans le projet de loi par le fait d'exercer à l'encontre d'une personne l'un des attributs du droit de propriété) doit voir le jour.

Le contrat de prostitution devrait être reconnu sur le plan juridique et la prostitution libre devrait être fortement distinguée de la prostitution contrainte. Sur ce dernier point une amélioration des conditions de dénonciation du proxénète et une protection accrue de la prostituée dénonciatrice devrait avoir lieu plus qu'une pénalisation du client qui n'est pas l'odieux personnage ou le futur délinquant tel que présenté par certains mouvements féministes qui ont déposé une proposition de loi récemment en 2011 et en 2013 visant à sanctionner le client[59]. Une éducation à la sexualité dans les écoles serait sans doute plus efficace que toute sanction qui n'aboutira qu'à rendre plus masqué et sans contrôle l'exercice de la prostitution.

---

[59]) Le 7 décembre 2001 a été déposée à l'Assemblée une proposition de loi visant à pénaliser le client de la prostitution qualifié de "prostitueur". Aucune suite n'a été donnée. Une nouvelle proposition de Maude Olivier, députée, visant à sanctionner le client en évitant la répression pénale, a été déposée au Parlement en juillet 2013.

Claire Abitbol

La jupe, Claire Abitbol

Bibliographie

Bajos N, Bozon M, Beltzer N : *Enquête sur la sexualité en France. Pratiques, genre et santé*, Paris éditions La Découverte, 2008 Site de l'enquête : http://gazette.kb.inserm.fr/csf/Accueil.html

Bibard Laurent Sexualité et Mondialisation Essai L' harmattan 2012

Boninchi M. : Vichy et l'ordre moral, Paris Le Seuil 2005

Borrillo, D. : *Droit des sexualités*, Paris, PUF, « Les Voies du droit », 2009.

Borrillo, Dl. (sous la direction de) : *Homosexualités et Droit : de la tolérance sociale à la reconnaissance juridique*, Paris, Presses Universitaires de France, coll. "Les Voies du droit", mai 1998. (2e édition corrigée mai 1999)

Borrillo, D. et Lochak, D. (sous la direction de) : *La Liberté sexuelle*, Paris, PUF, 2005.

Borrillo Daniel. : *L'Homophobie*, Paris, Presses Universitaires de France, coll. «Que sais-je ? », 2000.

Bozon, M. : *Sociologie de la sexualité*, Paris, Armand Colin, 2009.

Branlard, J.-P. : *Le Sexe et l'état des personnes*, Paris, LGDJ, 1993.

Caballero, F., *Droit du sexe*, Paris, LGDJ, 2010.

Carrasco, Gilbert P.: *Sexuality And Discrimination: A Rights And Liberties Perspective*, Carolina Academic Pr, 2005.

Carré Jean Michel : *Travailleuse du sexe et fières de l'être* Paris éditions du Seuil 2010

Deffains N. et Py Bruno (sous la direction de): *Le Sexe et la norme*, PUF de Nancy 2011

Delga J, *Sexualité Libertinage Echangisme et Droit*,

éditions L'Harmattan 2012
Delmas Guillaume, Sarah-Marie Maffesoli Sarah Marie et Robbe Sebastien (sous la direction de) : *Le Traitement juridique du sexe*, PUF de Sceaux 2011, éditions L'Harmattan
Eskridge, William N., Jr., Nan D. Hunter: *Sexuality, Gender, And the Law*, Foundation Pr, 2005.
Eiguer Alberto *Psychanalyse du libertin,* collection Psychisme, éditions Dunod, 2010
Fassin, E. : *Le sexe politique. Genre et sexualité au miroir transatlantique*, Paris, éditions de l'EHESS, 2009.
Foucault Michel : *Histoire de la sexualité, tome 1: la volonté de savoir*, Paris, Gallimard, 1976

Geoffroy Guy : Mission d'information sur la prostitution en France composée de Mme Danielle Bousquet, présidente, M. Guy Geoffroy, rapporteur, M. Philippe Goujon, M. Alain Vidalies et Mme Marie-Jo Zimmermann pour la commission des Lois ; M. Élie Aboud et Mme Marie-Françoise Clergeau pour la commission des Affaires sociales. Enregistré à la Présidence de l'Assemblée nationale le 13 avril 2011. Rapport d'information
Graupner H., et Tahmindjis Ph.: (Ed) *Sexuality And Human Rights: A Global Overview*, Haworth Press, 2005. (prénom)
Hennette-Vauchez, S. : *Disposer de soi ? : Une analyse du discours juridique sur les droits de la personne sur son corps*, Paris, L'Harmattan, 2004
Hennette-Vauchez, S. (sous la direction de) : *La Dignité de la personne humaine. Recherche sur un processus de juridicisation*, Paris, PUF, 2005
Kasirer N. (sous la direction de) : *Les Sept péchés capitaux et le droit privé*, Thémis, Montréal 2006

Lacub, M. : *Par le trou de la serrure, Une histoire de la pudeur publique, XIXème-XXIème siècle*, Paris, Fayard, 2008.
Marion B. : *Le Mineur le corps le droit et son esprit*, Thèse, 26 juin 2010 Faculté de droit Université Nancy 2
Moran, L., Monk D., Beresford S., (ed.): *Legal Queeries: Lesbian, Gay and Transgender Legal Issues*, London: Continuum, 1998.
Muchenfeld R. : *L'Orgasme et l'occident*. Paris Le Seuil, 2005
Ogien R. : *Le Corps et l'argent*, Paris, La Musardine, 2010.
Olivier M *Numéro 1360 Rapport d'information enregistré à la Présidence de l'Assemblée nationale le 17 septembre 2013.www.assemblee-nationale.fr*
Onorio J.B. (juriste catholique) : *Le Sexe, la sexualité et le droit*, Tequi Pierre Strabourg éditeur religieux, 2000
Ouvrard Lucile: *La Prostitution* Paris edit L'Harmattan, 2000 (
Parent Colette, Bruckert Chris, Corriveau Patrice, Mensah Nengeh Maria Toupin Louise: *Mais oui c'est un travail ! Penser le travail du sexe au-delà de la victimisation*. Presse de l'Université du Québec 2010
Phetterson, Gail: *A vindication of the rights of Whores* Seal Press 1989 (
Pierrat E. : *Le Sexe et la loi*, Paris éditions La Musardine, 2008
Pogna, P. : *La Répression sexuelle par les psychiatres - 1850-1930 - Corps coupables*, L'Harmattan, coll. "Médecine à travers les siècles", 2011 (*ville*)
Py, B. : *Le Sexe et le droit*, Paris, PUF, « Que sais-je ? », 1999. (
Rubin, G. (1999) : *Surveiller et jouir. Anthropologie politique du sexe*, Paris, Epel, 2011

Tissot O. : *De la liberté sexuelle et la loi*, Paris Balland, 1984

Toupin L : *Analyser autrement la prostitution et le trafic des femmes Recherches féministes* vol 19 n ° 1 p 153-176 (2006) revue recherche feministe erudit (www.erudit.org/revue/rf/**2006**/v**19**/**n1**/014068ar.html)

Waites Matthew: *The Age of Consent: Young People, Sexuality And Citizenship*, Palgrave MacMillan, 2005.

Welzer-Lang D, 1998 b (sous la direction de) : *Entre commerce du sexe et utopies: l'échangisme, Actes du premier séminaire européen sur l'échangisme*, Toulouse, Mars 1998, Université Toulouse Le Mirail, Département de Sociologie (Université de Barcelone), Département d'Anthropologie Sociale et Philisophie, Universitat Rovira i Virgili (Tarragone).

Welzer- Lang D: *La Planète échangiste : les sexualités collectives en France*, éditions Payot & Rivages, Paris, 2005. Résultats d'une enquête sociologique dans les lieux échangistes.

Welzer-Lang Daniel, Mathieu L., Faure M. : *Sexualités et violence en prison, Observatoire international des prisons*, Lyon éditions Aleas 1996

VII La légion de l'immoralité

Olivier Brisson

C'est parce que le Pape François, qui ne s'en jugeait pas digne, refusa la Légion d'honneur que la France lui proposait que le Président décida de créer la « Légion de l'Immoralité. »

L'immoralité était devenue la clé du fonctionnement d'une grande partie de l'humanité, des êtres humains comme des institutions. De jour en jour, on apprenait que tel était corrompu, tel autre corrupteur, tel un voyou, tel un escroc, tel autre les 2…telle entreprise préoccupée essentiellement de l'avenir de ses actionnaires ignorant les salariés, les fournisseurs et les clients qui la faisaient vivre et l'État qui l'aidait à fonctionner…
Plutôt que se battre sans espoir contre un comportement que certains jugeaient déplorable et d'autres utile, et se rappelant la phrase de Bonaparte : « *c'est avec des hochets que l'on mène les hommes* », le Président proposa à une commission de réfléchir à la création d'un Ordre nouveau : La Légion de l'Immoralité.

Pour composer cette commission, il aurait pu faire appel à des personnalités indépendantes choisies parmi les magistrats, conseillers d'État ou de la Cour des comptes.
Poussé par ses copains qui ne sortaient pas tous de l'ENA, il choisit de privilégier des parlementaires élus à parité par le Sénat et l'Assemblée nationale.

Cette commission devait désigner celui qui deviendrait le premier Grand Chancelier de la Légion de l'Immoralité et fixer avec lui le cadre de l'institution.

Des noms circulèrent assez vite. Plusieurs candidats se manifestèrent, d'autres furent approchés.
On apprit par la suite qu'un nom avait fait immédiatement l'unanimité, Silvio B. Mais le président intervint, convaincu qu'il fallait un Français, et qu'il ne serait pas difficile d'en trouver un.
Très vite, un consensus se fit sur Bernard T, qui fit d'abord savoir qu'il était candidat, le nia par la suite et dont on saura plus tard qu'il arrosa comme il se doit 7 des 12 parlementaires pour arriver à ses fins.

Le Grand Chancelier désigné, les 12 sages s'attaquèrent avec lui aux grands principes qui devaient animer l'Ordre.
Ces principes, ci-dessous résumés ne sont pas intangibles. L'Ordre est confiant dans la nature humaine dont l'imagination est sans limites et qui, il en est sur, saura renouveler ce qui fait le charme de l'immoralité.

I. **Être immoral est une chose, encore faut-il le prouver.**

Il fut décidé dans un premier temps que s'il était possible de faire acte de candidature, on pouvait être recruté sur simple présentation du casier judiciaire.
Mais un vent de fronde agita le monde de l'économie : à de très rares exceptions près, seuls les malfrats et voyous du petit peuple possédaient des casiers judiciaires. L'ordre allait-il se laisser envahir par des petites gens, en laissant sur la touche les puissants, les riches, ceux qui allaient véritablement faire vivre la Légion de l'Immoralité ?

Tous les moyens furent donc jugés légitimes : articles de presse, vrais ou faux, dénonciation calomnieuse ou non, casier judiciaire, aveux extorqués ou volontaires, ragots, confession, corruption. Tout fut déclaré bon, certains ajoutèrent mauvais, pour prouver son immoralité.

II. Qui peut postuler ?

Dans un premier temps, comme le fit Bonaparte, les sages et leur chancelier estimèrent que les femmes n'étaient pas dignes.
« Une femme immorale, dit avec classe le Chancelier, c'est une pute, les femmes sont là pour faire des enfants, qui deviendront peut-être de brillants être immoraux, mais si elles sont là pour assister, seconder leurs maris ou amants corrompus ou corrupteurs, elles sont trop fragiles pour se mêler de ce qui fait tourner le monde…
Les 12 parlementaires masculins réunis autour du Chancelier se rangèrent à cet avis raisonnable…
Et puis, lors de discussions, un ou 2 noms apparurent : Imelda, Maggie, et nos 13 mâles français réalisèrent que ce qui était vrai pour les hommes pouvait l'être aussi pour certaines femmes exceptionnelles.
Décision fut donc prise d'ouvrir l'Ordre à la gent féminine.

III. Les hommes, les femmes…certes, et les entreprises ?

Entreprises, associations, organisations diverses ?… Là encore, le débat fut houleux, long et laborieux.
Quelques noms incontestables apparurent. Mittal, LVMH.
Chacun des parlementaires proposa des noms, souvent ceux des structures où il avait travaillé, pour lesquelles il

faisait du lobbying ou dont il était administrateur.
Les banques, compagnies financières, cabinets d'audit, firent l'objet d'un nouvel accrochage car certains soutinrent avec finesse qu'une banque internationale est nationale mais aussi étrangère.
Peut-on offrir l'honneur d'appartenir à la Légion de l'Immoralité à une entreprise étrangère ? Et si oui, peut-on l'offrir à un particulier étranger ?
La réponse tomba, évidente : Un corrompu, un immoral, français ou étranger, individuel ou entreprise ne peut pas ne pas appartenir à cet Ordre, cet Ordre dont la raison d'être est de regrouper toutes les indignités, immoralités, d'en promouvoir la connaissance, d'en faire, comme l'avait suggéré le Président, l'un des fleurons de la République Française.

Aux hommes et femmes, on adjoint donc les entreprises, associations, grandes et petites écoles, universités, tout ce qui pouvait faire la gloire de la France.

Un député, ancien rapporteur de la commission des finances évoqua alors « la réserve parlementaire » qui permet à certains d'entre eux d'arroser avec complaisance, qui sa circonscription, qui sa ville ou telle association plus ou moins méritante. La « réserve » ne devait-elle pas être membre de droit de l'Ordre ?

Un débat philosophique s'engagea alors : on ne pouvait nier l'importance des moyens pour arriver à l'immoralité, l'escroquerie, le vol, la corruption, la fraude, l'arnaque, l'arrogance, le mépris et les aides techniques comme l'argent, le pouvoir ou la « réserve parlementaire » à la croisée des deux…
Mais l'argent, le pouvoir et donc la réserve parlementaire

restaient des moyens et n'avaient à ce titre aucune légitimité à entrer dans l'Ordre.

IV. La sélection.

Les sages décidèrent assez vite qu'un comité de sélection était indispensable. Ce comité prit le nom de « Comité Talleyrand » en hommage à l'un de nos grands anciens qui auraient adoré recevoir cette décoration.

Ces mêmes sages, largement payés pour leur travail préparatoire, n'avaient aucunement l'intention de laisser ce fromage à quiconque. Ils s'entendirent assez vite pour s'autoproclamer « commissaires Talleyrand », se fixèrent salaire, primes, retraite chapeau, bonus et frais de voyage. Ils se votèrent bien entendu appartement et voiture de fonction.

Le Grand Chancelier qui ne voulait pas quitter son hôtel particulier du 6e arrondissement toucha outre son salaire qui fit l'objet d'un arbitrage, une prime supplémentaire destinée à compenser cet avantage non perçu.

Le correspondant local d'un banquier suisse, relation d'affaires bien connue de l'ensemble des « sages » se chargea de placer efficacement et, il va sans dire discrètement, les primes et autres bonus qui garantiraient à tous une retraite confortable.

V. Les candidatures

Le premier appel à candidature dans les journaux des groupes Robert H et Bernard T fut un gros succès :

- 637874 particuliers, 42684 entreprises, 27253 avocats, 3 huissiers, 9 villes, les 2 départements corses, 2 associations de défense des contribuables, toutes les banques et un diocèse postulèrent…

Certains, dont le diocèse, furent immédiatement recalés sur simple lecture de leur demande, pas assez motivée. Leurs escroqueries étaient trop insignifiantes. On leur assura toutefois par courrier qu'à l'ancienneté, au mérite, en accumulant les fautes, les erreurs, les arnaques, les preuves de corruption, ils avaient une chance à plus long terme.

Il n'était en effet pas question d'accepter n'importe qui dans l'Ordre, mais on ne voulait pas non plus décourager les bonnes intentions…

Se posa aussi la question des candidatures présentées par des tiers. En clair, une bonne candidature reçue uniquement par dénonciation était-elle valable ? L'unanimité fut vite acquise. En acceptant un bon dossier, quelle qu'en soit la manière, on rentrait parfaitement dans l'objet des volontés présidentielles.

Mais fallait-il en avertir le récipiendaire ? Et si oui, avait-il le droit de refuser ?

Refuser un honneur ? Les Sages s'y opposèrent… Un être immoral avait toute sa place à la Légion de l'Immoralité, qu'il le veuille ou non… S'il ne l'avait pas voulu, il n'aurait d'ailleurs pas agi de la sorte, se faisant repérer, admirer, envier, jalouser par son comportement …

On enregistra donc des candidats « à leur insu » qui tous firent connaître par la suite leur satisfaction, leur accord et leur gratitude.

On enregistra même un cycliste à « l'insu de son plein gré » qui fut le premier d'un peloton de sportifs dopés tous membres depuis de la Légion de l'Immoralité.

VI. Les incompatibilités

Des Chevaliers et Officiers de la Légion d'honneur ayant postulé à la Légion de l'Immoralité, la question de la compatibilité avec d'autres décorations se posa.

Pour les étrangers, et pour des questions de relations diplomatiques, il fut décidé qu'il n'y aurait aucune incompatibilité.
Il n'était en effet pas envisageable de retirer ses décorations anciennes au président russe Vladimir P. avant de lui remettre la Légion de l'Immoralité qui semblait taillée pour lui au vu de son parcours politique, mais aussi de sa morgue, de son agressivité et de son absence totale de moralité.

Mais, ce qui était vrai pour les Étrangers ne pouvait l'être pour les Français : on ne peut à la fois se prévaloir d'une appartenance à l'Ordre de l'Immoralité et se pavaner avec une rosette de la Légion d'honneur. Les deux concepts sont à l'évidence incompatibles et cette évidence que beaucoup vont très certainement nier doit être rappelée et inscrite dans la charte de l'Ordre.

VII. Peut-on être exclu ?

Oui, cette mesure déshonorante est possible.
Si un membre vivant n'est ni condamné, ni soupçonné de malversations, ni interrogé par la police ou un juge pendant 15 ans, il peut être convoqué par la Commission de discipline, et doit répondre de son comportement indigne.
Si la Commission le décide, il doit rendre sa décoration et ne peut plus se prévaloir d'une appartenance à l'Ordre,

sous peine de sanction financière lourde qu'il peut bien sûr échanger contre un pot de vin plus discret aux membres de la Commission.

VIII. La devise de l'Ordre

Un tour de table suffit pour s'entendre sur 2 mots qui reçurent l'assentiment du Président :
« Indignité et Universalité »

IX. Les Grades

En dehors du Grand Chancelier qui restait hors normes et des membres de la Commission qui s'imposèrent comme « Vice- Chanceliers » il fut décidé de ne créer que 2 grades : le FRIC et le FRAC

Le FRIC, Flibustier Recensé et Impétrant Canaille, pour les débutants
Le FRAC, Flibustier Reconnu et Assurément Canaille, pour les confirmés.

La décoration qui doit se porter sur la veste, côté portefeuille, est composée d'une pièce de 1€ pour le FRIC et 2€ pour le FRAC, entourée d'une branche d'oseille, d'un épi de blé et de radis avec un ruban de couleur évidemment argent.

X. Les droits de Chancellerie

Chaque nouveau légionnaire devait verser lors de sa nomination une somme de 1000€ à la Chancellerie de l'Ordre. Cette somme, bien entendu payée en espèces alimentait la caisse noire de la Commission, le fonctionnement officiel de l'Ordre étant assuré par l'État et donc par les citoyens français.

XI. La transmission du Savoir

Dans un but éducatif et pour assurer un avenir à l'Ordre, 2 collèges furent créés.
L'un pour les garçons et l'autre pour les filles, car les opposants au mariage pour tous rappelèrent en manifestant que l'immoralité n'allait pas jusqu' à mettre garçons et filles dans le même dortoir, ni dans les mêmes cours de récréation.
Avec l'aide des premiers récipiendaires qui furent nommés professeurs, un enseignement rigoureux fut mis sur pied :

- Comment devenir un banquier ou un avocat sans scrupule ?
- Comment trafiquer une élection ?
- Comment oublier de déclarer ses revenus ?
- Comment faire croire à l'humanité qu'on est irréprochable ?
- Comment mépriser les pauvres ? Comment exploiter son personnel ?
- La géographie des paradis fiscaux, l'histoire des grands et petits escrocs de la planète…

Ces collèges étaient bien sûr réservés aux enfants et petits-enfants des légionnaires. Comme ils furent très vite pris d'assaut, on départagea les candidatures non pas sur le montant déclaré de la fortune familiale, montant officiel qui bien sûr n'avait pas de sens, mais sur celui qui était annoncé sous couvert de parole de déshonneur au Comité de sélection des collèges.

XII. **Le Musée de la Légion de l'Immoralité**

Un projet de musée fut envisagé. Sur appel d'offres habilement trafiqué, les entreprises de construction B et V se partagèrent le marché. Elles firent signer dès le projet initial un contrat leur garantissant le paiement total des travaux même si la construction n'allait pas à son terme.

Or, le terrain choisi, sur le Champ-de-Mars, n'était pas constructible et un juge incorruptible qui avait fait une croix définitive sur son admission à l'Ordre s'opposa à la poursuite du chantier.
C'est ce qui explique d'une part le trou que l'on constate encore en 2020 devant la tour Eiffel, d'autre par le déficit abyssal du budget de la France qui paie à B et V des travaux non réalisés sur une période de 37 ans et aussi la fortune des actionnaires de ces deux entreprises, qui ont transféré leurs sièges aux îles Caïmans.

XIII. Une première liste non exhaustive de récipiendaires

Parmi les 73894 premiers Français décorés, nous avons le déplaisir de citer outre Bernard T sur lequel tout est connu :

- Carlos G, industriel qui gagne 9 millions d'euros par an, hors stock options et avantages non déclarés et qui pour faire faire 1 million d'euros d'économies décide de ne pas exposer à un Salon International risquant de mettre en cause le développement de l'entreprise et l'avenir des salariés.

- Dominique SK, politique en retraite, dont les frasques sont suffisamment notoires pour que sa candidature ait été retenue sans examen.
- Patrick B maire, condamné à 15 mois de prison avec sursis pour prise illégale d'intérêts, un mot abscons qui signifie fraude et rentre parfaitement dans le registre de l'immoralité, puis à une amende par La Cour d'appel pour diffamation et injures. Tout ceci le qualifiant bien entendu aux fonctions électives de maire et député.

- Jérôme C, chirurgien et politique en retraite depuis quelques mois. Grand voyageur vers la Suisse et gros utilisateur de la « réserve parlementaire », il a, sur les 4 premiers mois de 2012, consacré 1,4million d'euros à sa circonscription.
- Claude G, ancien ministre, amateur d'art, de police et de comptes à l'étranger.
- Le duo « Lantourloupe », protecteur de Bernard T.
- Le chef d'entreprise flashé 94 fois en excès de vitesse en 2 ans
- Jean-Marie M qui près avoir mis son entreprise au bord de la faillite a osé réclamer quelques millions d'euros d'indemnités de départ.
- Éric W, ancien ministre spécialiste du marché gré à gré.

Parmi les premiers Étrangers :

- Silvio B , Italien, pressenti comme on l'a vu pour le poste de Grand Chancelier, condamné définitivement après plus de 30 ans d'indignités diverses et de pressions sur une justice s'avérant incorruptible.

- Gérard D, acteur et citoyen russe, qui a préféré la compagnie d'oligarques et de mafieux russes et tchétchènes à celle des contribuables français.
- Robert M, chef d'État africain, au pouvoir depuis bientôt 30 ans et qui a parfaitement assimilé les notions de dictature et de corruption.
- La collectivité des chefs d'états amis de la France et des « biens mal acquis »
- Lance A, qui s'est fait passer pour un champion pendant 15 ans

Parmi les entreprises :

- LVMH, récemment condamnée par l'Autorité des marchés Financiers pour sa montée frauduleuse, opaque, déloyale au capital d'Hermès et connue pour la prise de contrôle de l'entreprise elle-même dans les années 1988 par son actuel Président Bernard A.
- Total mise en cause dans de nombreux dossiers de pots- de - vin, notamment en Iran.
- Mittal, sidérurgiste, spécialiste des subventions gouvernementales et des licenciements.
- Monsanto, le pro de l'OGM et des pesticides.
- Toutes les banques pour leur participation aux circuits d'opacité des paradis fiscaux et pour leur incitation au surendettement des particuliers.
- Microsoft en abus permanent de position dominante…

Faute de temps, cette liste est évidemment incomplète.
La Chancellerie de l'Ordre de l'Immoralité fait appel à toutes les bonnes volontés pour la compléter.

Nul doute que chacun saura trouver, autour de soi, ceux qui par leur aptitude à l'escroquerie, à la corruption, au vol, à l'arrogance feront de l'Ordre de l'Immoralité la vitrine de la France dont le Président sera fier.

Table des matières

Photos des personnes ayant participé à la réalisation de ce livre

Laurent Bibard (coauteur)

Olivier Brisson (coauteur)

Guy Chaty (coauteur)

Jacques Delga (coauteur)

Marie Paule Labreur (coauteur)

Francisco Mananga (coauteur)

Vanessa Padioleau (coauteur)

Claire Abitbol (illustratrice)

L'HARMATTAN ITALIA
Via Degli Artisti 15; 10124 Torino

L'HARMATTAN HONGRIE
Könyvesbolt ; Kossuth L. u. 14-16
1053 Budapest

L'HARMATTAN KINSHASA
185, avenue Nyangwe
Commune de Lingwala
Kinshasa, R.D. Congo
(00243) 998697603 ou (00243) 999229662

L'HARMATTAN CONGO
67, av. E. P. Lumumba
Bât. – Congo Pharmacie (Bib. Nat.)
BP2874 Brazzaville
harmattan.congo@yahoo.fr

L'HARMATTAN GUINÉE
Almamya Rue KA 028, en face du restaurant Le Cèdre
OKB agency BP 3470 Conakry
(00224) 60 20 85 08
harmattanguinee@yahoo.fr

L'HARMATTAN CAMEROUN
BP 11486
Face à la SNI, immeuble Don Bosco
Yaoundé
(00237) 99 76 61 66
harmattancam@yahoo.fr

L'HARMATTAN CÔTE D'IVOIRE
Résidence Karl / cité des arts
Abidjan-Cocody 03 BP 1588 Abidjan 03
(00225) 05 77 87 31
etien_nda@yahoo.fr

L'HARMATTAN MAURITANIE
Espace El Kettab du livre francophone
N° 472 avenue du Palais des Congrès
BP 316 Nouakchott
(00222) 63 25 980

L'HARMATTAN SÉNÉGAL
« Villa Rose », rue de Diourbel X G, Point E
BP 45034 Dakar FANN
(00221) 33 825 98 58 / 77 242 25 08
senharmattan@gmail.com

L'HARMATTAN BÉNIN
ISOR-BENIN
01 BP 359 COTONOU-RP
Quartier Gbèdjromèdé,
Rue Agbélenco, Lot 1247 I
Tél : 00 229 21 32 53 79
christian_dablaka123@yahoo.fr

Achevé d'imprimer par Corlet Numérique - 14110 Condé-sur-Noireau
N° d'Imprimeur : 110106 - Dépôt légal : juillet 2014 - *Imprimé en France*

www.ingramcontent.com/pod-product-compliance
Lightning Source LLC
LaVergne TN
LVHW011313061026
849535LV00005B/1540